서사원주니어

어린이 친구들, 안녕하세요!

만나서 반가워요.

선생님은 오늘부터 우리 친구들이 쉽고 재미있게 글쓰기를

할 수 있게 도와줄 하니쌤이라고 해요.

친구들은 '글쓰기' 하면 어떤 생각이 드나요?

'뭐라고 써야 할지 모르겠어. 글쓰기는 재미없어.'

'글쓰기를 꼭 해야 하나? 손도 아프고 팔도 아프고 힘든데!'

이런 생각이 들 수 있어요. 그래도 괜찮아요.

선생님이 글쓰기를 어떻게 하면 되는지 차근차근 알려줄게요.

〈뚝딱! 세 줄 쓰기〉는 우리 친구들이 쉽고 재미있게 글을 쓸 수 있도록 해 줄 거예요.

매일 주제를 보고 드는 생각을 세 줄로 적다 보면 어느새

글이 완성되는 마법과 같은 일이 생기거든요.

오늘부터 작가가 되어 내 생각을 글로 펼쳐 보아요.

막상 작가가 되어 글쓰기를 한다니 떨리나요?

그렇다면 이 책에 글을 다 쓴 뒤 모습을 상상해 보아요.

이 책을 다 완성했을 때 이런 생각을 할 수 있을 거예요.

'와! 내가 100개 글을 모두 쓰다니 정말 뿌듯해!'

'이제 세 줄로 글 쓰는 건 눈 감고도 할 수 있겠어!'

'글쓰기가 이렇게 재미있었다니!'

어때요? 이런 멋진 생각을 하는 내 모습을 상상하니 신나지요?

이렇게 해도 막상 글쓰기를 시작하려니 살짝 두려운 친구들은 조금만 용기를 내 볼게요.
이 책을 처음부터 끝까지 쭉 한번 살펴보세요. 그리고 제일 마음에 드는 곳에 가서 글쓰기를 시작해 보세요. 글을 쓰기 시작하고, 또 계속 꾸준히 쓰다 보면 글쓰기에 대한 두려움이 사라질 거예요.
글은 쓰면 쓸수록 잘 쓸 수 있거든요. 우리 친구들은 모두 글쓰기를 잘할 수 있어요. 우리 친구들이 자신 안에 있는 '글쓰기 힘'을 믿고, 하니쌤과 함께 〈뚝딱! 세줄 쓰기〉를 끝까지 해 보아요.
선생님이 우리 멋진 어린이 작가들을 응원할게요. 파이팅!

하나쌤 박현수

이 책을 다 완성한 내 모습을 상상해요.
그리고 이 책을 완성한 나에게 해주고 싶은 말을 적어 보세요.

예시

정말 대단해! 이제 세 줄 쓰기 정도는 너무 쉽지?

세 줄 쓰기 잘하는 비법!

글쓰기를 잘하고 싶은가요? 무언가를 잘하고 싶다는 마음을 가진다는 것은 정말 좋아요. 그만큼 더 열심히 할 수 있기 때문이에요. 하니쌤이 이런 마음이 드는 친구들을 도와야죠! 세 줄 쓰기를 잘할 수 있는 비법을 알려 줄게요.

1 주제를 선택해요.

〈뚝딱! 세 줄 쓰기〉에는 100개의 글쓰기 주제가 있어요. 어떤 주제가 있는지 쭉 한번 살펴 보세요. 그러다가 '와! 이것에 대한 글을 쓰고 싶어!', '이건 좀 재미있겠는데!' 생각이 드는 주제를 찜해 놓으세요. 내가 선택한 관심 있는 주제부터 글쓰기를 시작하면 재미있을 거예요. 쓰고 싶은 글의 종류를 선택할 수도 있어요. '오늘은 일기를 써 볼까?', '상상 글이 재미있겠는데?' 연습해 보고 싶은 글의 종류 중에서 하나씩 써 보는 것도 좋아요.

2 예시 글을 읽어요.

글을 쓰고 싶어도 어떻게 써야 할지 잘 모르겠나요? 그런 친구들을 위해 하니쌤이 '세 줄 글'을 준비했어요. 주제마다 써 놓은 예시 글을 읽어 보세요. 어떻게 글을 써야 할지 감이 올 거예요. 그래도 쉽게 써지지 않는다면 선생님의 글을 내 생각에 맞춰 조금만 바꾸어서 써도 좋아요.

3 문장을 생각하며 글을 써요.

글에서 가장 기본이 되는 것은 문장이에요. 그래서 글을 쓸 때는 내 생각을 문장으로 어떻게 나타내면 좋을지 생각해야 해요. 마침표(.), 느낌표(,), 물음표(?)와 같은 문장 부호를 문장 마지막에 사용하는 것도 잊지 말아요. 참! 문장이 너무 길어진다면 두 문장으로 나누어 보세요. 그러면 내 생각을 글로 나타내기가 더 편해진답니다.

4 내가 쓴 글을 스스로 읽고 고쳐 보세요.

글을 다 쓴 뒤 내가 쓴 글을 읽으며 어색한 부분을 고쳐 보세요. 이것은 더 멋진 글을 쓰기 위해 꼭 필요한 과정이에요. 문장 부호를 적절히 사용했는지, 맞춤법은 정확한지, 문장이 자연스러운지 내가 쓴 글을 읽으며 스스로 점검해 보세요.

5 부모님께 내 글을 보여 주세요.

부모님께 내가 쓴 글을 보여 주고, 글에서 어떤 점이 좋은지, 어떤 부분을 고치면 좋을지 여쭤 보세요. 내가 미처 발견하지 못했던 부분을 이야기해 주실 수 있답니다. 그리고 다음에 글을 쓸 때 부모님께서 이야기해 주신 것을 생각하면서 써 보세요. 이렇게 하면 글쓰기 실력이 쑥쑥 늘어날 거예요.

부모님! 이렇게 도와주세요

안녕하세요. 하니쌤입니다.

먼저 〈뚝딱! 세 줄 쓰기〉로 자녀의 글쓰기 공부를 돕기로 한 부모님들께 감사 인사 드립니다.

학년이 올라갈수록 아이들은 자신이 알고 있는 지식과 생각을 글로 써야 하는 상황을 많이 만나게 됩니다. 글쓰기를 차근차근 열심히 공부해 온 아이들은 좀 더 편하게 이런 상황에 대처할 수 있죠.

이제 글쓰기 공부를 시작하려는 아이에게 〈뚝딱! 세 줄 쓰기〉로 의미 있는 글쓰기 경험을 할 수 있게 해 주세요. 아이가 이 책으로 공부할 때 부모님께서 함께해 주신다면 더욱 아이에게 글쓰기가 의미 있게 다가갈 거예요. 〈뚝딱! 세 줄 쓰기〉, 그리고 아이의 글쓰기 공부가 반짝반짝 빛이 나도록 이렇게 도와주세요.

1 글쓰기 워밍업!

"저녁 먹었으니 우리 세 줄 쓰기 할까? 오늘은 어떤 주제를 쓸까?
이거 어때, 오늘 있었던 일 중 기억에 남는 일이 뭐야?"

"놀이터에서 지민이랑 논 일이 기억에 남아요!"

"그러면 놀이터에서 지민이와 논 일로 세 줄 쓰기를 해 볼까?"

"좋아요!"

글쓰기 시간을 정해서 활동해 보세요. 아이와 함께 대화를 통해 정해도 좋아요.

이 책의 차례를 보고 재미있어 보이는 주제를 골라서 활동해 보세요.
책에 수록되어 있지 않은 주제도 아이와 마음껏 정해 볼 수 있답니다.

2 이야기 나누고 글쓰기

"놀이터에서 지민이와 무엇을 하며 놀았어?"

"미끄럼틀이랑 그네를 탔어요!"

"지민이랑 놀 때 어떤 생각이 들었을까?"

"집에 안 가고 계속 놀고 싶다고 생각했어요."

"지금 이야기 나눈 내용으로 세 줄 쓰기 해 볼까?"

책에 나온 질문을 활용해 아이와 이야기 나누어 보세요. 질문의 내용과 흐름을 참고한다면 어떤 주제의 글을 쓰더라도 아이의 생각을 이끌어내는 데 도움이 될 거예요.

아이가 질문에 답하기 어려워하면 부모님이 먼저 생각을 이야기하고, 아이의 생각을 물어보세요. 생각을 떠올려서 말로 표현하는 것도 연습이 필요하답니다.

글 쓸 때 부모님이 옆에 있는 것이 좋은지, 혼자 쓰는 것이 좋은지 아이와 이야기해 보세요. 그리고 아이가 원하는 방향으로 글쓰기 환경을 만들어 주세요.

3 피드백하기

"세줄이가 어떤 글을 썼는지 궁금하네. 엄마가 읽어 봐도 될까?"

"네!"

"세줄이가 생각을 자세히 잘 썼는걸! 세줄이가 쓴 글을 읽으니 엄마도 어렸을 때 놀이터에서 놀았던 기억이 나. 엄마도 놀이터에서 놀다 보면 집에 안 가고 계속 놀고 싶다고 생각했지."

"와, 엄마도 그랬나요? 신기해요!"

글쓰기를 시작하는 단계에서는 아이가 글에 쓴 내용과 생각에 집중해서 피드백해 주세요. 글로 다른 사람과 소통하는 즐거운 경험을 쌓아갈 수 있을 거예요.

맞춤법, 띄어쓰기를 고치는 일은 아이의 글쓰기에 대한 흥미, 정서에 맞춰서 해 주세요. 안 그래도 글쓰기가 힘들고 어려운데 맞춤법, 띄어쓰기까지 신경 써야 하면 글쓰기가 싫어질 수 있어요.

이렇게 구성되었어요

초등 교과에서 만나는 글의 종류를 다양하게 담았어요.

10개의 갈래 안에 10개의 신나는 주제! 모두 100개의 글쓰기를 경험할 수 있습니다.

생각 열기

이번 단원의 글쓰기를 위해 나의 구체적인 경험과 생각을 떠올려 봅니다.

글의 갈래와 쓰기 방법

아이의 질문과 선생님의 쉬운 설명을 읽으며 글을 잘 쓰는 방법을 배웁니다.

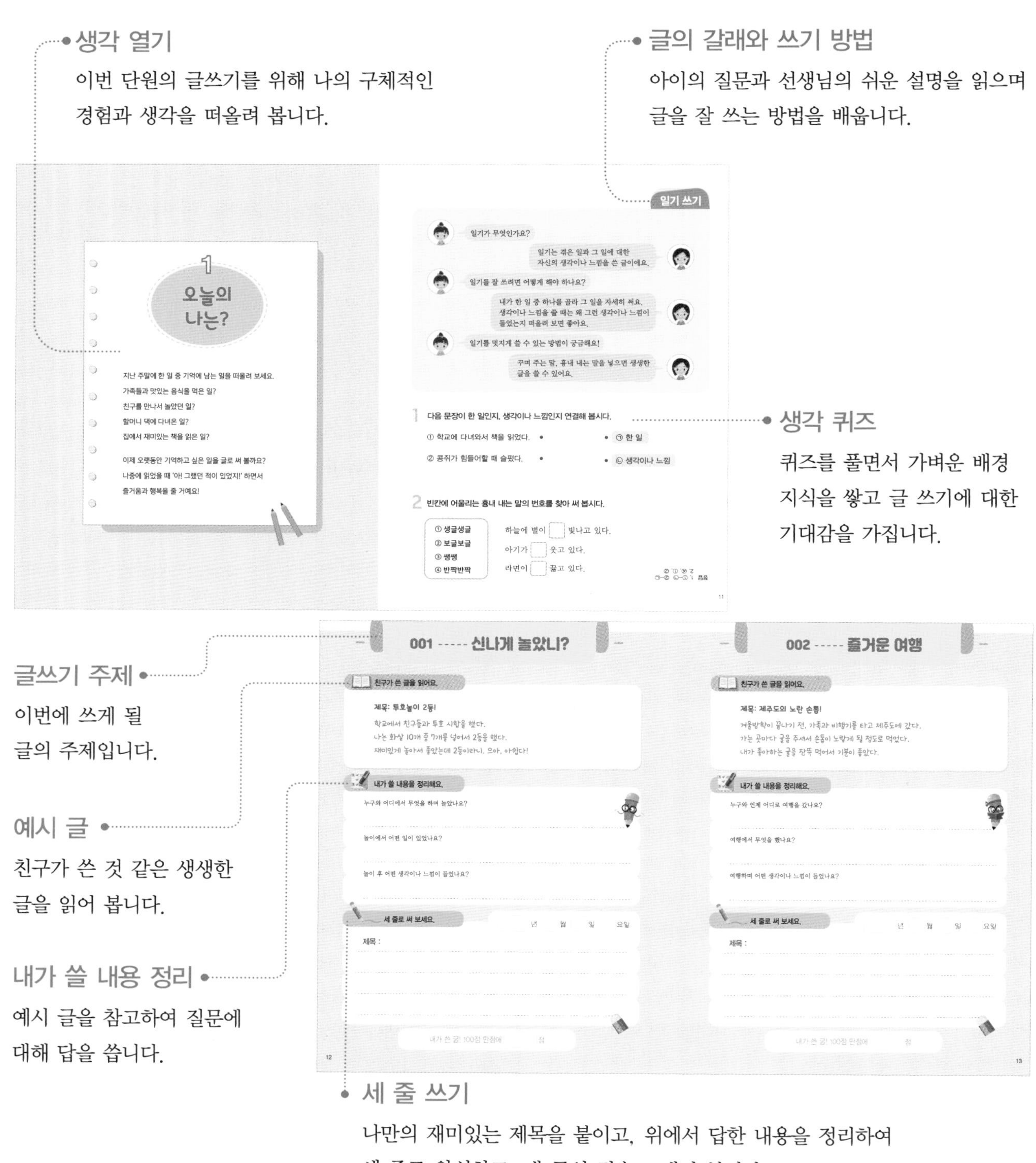

생각 퀴즈

퀴즈를 풀면서 가벼운 배경 지식을 쌓고 글 쓰기에 대한 기대감을 가집니다.

글쓰기 주제

이번에 쓰게 될 글의 주제입니다.

예시 글

친구가 쓴 것 같은 생생한 글을 읽어 봅니다.

내가 쓸 내용 정리

예시 글을 참고하여 질문에 대해 답을 씁니다.

세 줄 쓰기

나만의 재미있는 제목을 붙이고, 위에서 답한 내용을 정리하여 세 줄로 완성하고, 내 글의 점수도 매겨 봅니다.

무엇부터 쓸까요?

마음에 드는 페이지 아무 곳이나 펼쳐 뚝딱! 즐겁게 세 줄만 써 보세요.

1

오늘의 나는?

지난 주말에 한 일 중 기억에 남는 일을 떠올려 보세요.

가족들과 맛있는 음식을 먹은 일?

친구를 만나서 놀았던 일?

할머니 댁에 다녀온 일?

집에서 재미있는 책을 읽은 일?

이제 오랫동안 기억하고 싶은 일을 글로 써 볼까요?

나중에 읽었을 때 '아! 그랬던 적이 있었지!' 하면서

즐거움과 행복을 줄 거예요!

일기가 무엇인가요?

일기는 겪은 일과 그 일에 대한
자신의 생각이나 느낌을 쓴 글이에요.

일기를 잘 쓰려면 어떻게 해야 하나요?

내가 한 일 중 하나를 골라 그 일을 자세히 써요.
생각이나 느낌을 쓸 때는 왜 그런 생각이나 느낌이
들었는지 떠올려 보면 좋아요.

일기를 멋지게 쓸 수 있는 방법이 궁금해요!

꾸며 주는 말, 흉내 내는 말을 넣으면 생생한
글을 쓸 수 있어요.

1 다음 문장이 한 일인지, 생각이나 느낌인지 연결해 봅시다.

① 학교에 다녀와서 책을 읽었다. •	• ㉠ 한 일
② 콩쥐가 힘들어할 때 슬펐다. •	• ㉡ 생각이나 느낌

2 빈칸에 어울리는 흉내 내는 말의 번호를 찾아 써 봅시다.

① 생글생글
② 보글보글
③ 쌩쌩
④ 반짝반짝

하늘에 별이 ☐ 빛나고 있다.

아기가 ☐ 웃고 있다.

라면이 ☐ 끓고 있다.

정답 1. ①-㉠ ②-㉡
2. ④, ①, ②

001 ----- 신나게 놀았니?

친구가 쓴 글을 읽어요.

제목: 투호놀이 2등!

학교에서 친구들과 투호 시합을 했다.
나는 화살 10개 중 7개를 넣어서 2등을 했다.
재미있게 놀아서 좋았는데 2등이라니. 으아, 아쉽다!

내가 쓸 내용을 정리해요.

누구와 어디에서 무엇을 하며 놀았나요?

놀이에서 어떤 일이 있었나요?

놀이 후 어떤 생각이나 느낌이 들었나요?

세 줄로 써 보세요.

년 월 일 요일

제목 :

내가 쓴 글! 100점 만점에 점

002 ----- 즐거운 여행

친구가 쓴 글을 읽어요.

제목: 제주도의 노란 손톱!

겨울방학이 끝나기 전, 가족과 비행기를 타고 제주도에 갔다.
가는 곳마다 귤을 주셔서 손톱이 노랗게 될 정도로 먹었다.
내가 좋아하는 귤을 잔뜩 먹어서 기분이 좋았다.

내가 쓸 내용을 정리해요.

누구와 언제 어디로 여행을 갔나요?

여행에서 무엇을 했나요?

여행하며 어떤 생각이나 느낌이 들었나요?

세 줄로 써 보세요.

년 월 일 요일

제목 :

내가 쓴 글! 100점 만점에 점

003 ----- 으쌰으쌰, 운동!

친구가 쓴 글을 읽어요.

제목: 23번? 정말?

학교 강당에서 친구들과 쌩쌩 줄넘기를 했다.
어제는 10번 겨우 넘었는데, 오! 오늘은 23번을 넘었다.
다음에는 30번을 넘으면 좋겠다.

내가 쓸 내용을 정리해요.

누구와 무슨 운동을 했나요?

운동할 때 어떤 일이 있었나요?

그때 어떤 생각이나 느낌이 들었나요?

세 줄로 써 보세요.

년 월 일 요일

제목 :

내가 쓴 글! 100점 만점에 점

004 ----- 영화 관람 후기

친구가 쓴 글을 읽어요.

제목: 고양이의 짜릿한 모험

'장화 신은 고양이'를 봤다.
장화 신은 고양이 푸스가 친구들과 짜릿한 모험을 떠나는 이야기였다.
내용도 기발하고 캐릭터가 엉뚱해 영화 보는 재미가 쏠쏠했다.

내가 쓸 내용을 정리해요.

최근 어떤 만화(영화)를 보았나요?

어떤 이야기인가요?

만화(영화)를 보면서 어떤 생각이나 느낌이 들었나요?

세 줄로 써 보세요.

년 월 일 요일

제목 :

내가 쓴 글! 100점 만점에 점

005 ----- 냠냠! 오늘의 급식

친구가 쓴 글을 읽어요.

제목: 급식에 이런 음식이?

오늘 학교 급식으로 딸기 케이크가 나왔다.
폭신한 케이크가 엄청 새콤달콤했다. 오늘 누구 생일인가?
내 생일에는 초콜릿 케이크가 나오면 좋겠다.

내가 쓸 내용을 정리해요.

오늘 급식으로 어떤 음식이 나왔나요?

급식에서 나온 음식의 맛은 어땠나요?

급식 먹을 때 어떤 생각이나 느낌이 들었나요?

세 줄로 써 보세요.

년 월 일 요일

제목 :

내가 쓴 글! 100점 만점에 점

006 ----- 마트가 좋아

친구가 쓴 글을 읽어요.

제목: 배불러~

엄마와 저녁 식사 재료를 사러 마트에 갔다.
엄마가 장 보는 사이에 나는 시식 코너에서 노릇노릇 군만두를 3개나 먹었다.
내가 마트를 가는 이유는 아무래도 시식 코너 때문인 것 같다.

내가 쓸 내용을 정리해요.

누구와 어디로 장 보러 갔나요?

장 보러 가서 어떤 일이 있었나요?

그때 어떤 생각이나 느낌이 들었나요?

세 줄로 써 보세요.

년 월 일 요일

제목 :

내가 쓴 글! 100점 만점에 점

007 ----- 집안일의 행운

친구가 쓴 글을 읽어요.

제목: 오예! 보물 발견!

주말이라 여유 있게 가족과 대청소를 했다.
아빠는 청소기를 돌리고, 엄마는 옷 정리, 나는 책상 정리를 했다.
정리하다가 포켓몬 카드를 발견했다! 오예!

내가 쓸 내용을 정리해요.

나는 어떤 집안일을 했나요?

일하는 모습을 자세히 떠올려 써 보세요.

그 중에서 특히 기억에 남는 일은 무엇인가요?

세 줄로 써 보세요.

년 월 일 요일

제목 :

내가 쓴 글! 100점 만점에 점

008 ----- 집에서 있었던 일

친구가 쓴 글을 읽어요.

제목: 파이팅! 파이팅!

오늘은 집에서 한일전 축구 응원을 했다.
치킨을 냠냠 먹으며 우리나라를 응원했는데, 일본이 먼저 골을 넣었다.
으, 너무 안타까웠다! 파이팅! 목이 터져라 응원해서 역전으로 이겼다!

내가 쓸 내용을 정리해요.

집에서 어떤 일이 있었나요?

그때의 모습을 자세히 떠올려 써 보세요.

그때 어떤 생각이나 느낌이 들었나요?

세 줄로 써 보세요.

년 월 일 요일

제목 :

내가 쓴 글! 100점 만점에 점

009 ----- 학교에서 한 일

친구가 쓴 글을 읽어요.

제목: 귀여운 종이 토끼

미술 시간에 선생님께서 알록달록 색종이로 토끼 접는 방법을 알려 주셨다.
처음에는 버벅댔는데 순서대로 따라 하니 쉬웠다.
나 좀 잘하는 것 같다. 눈과 입까지 그리니 정말 귀여웠다.

내가 쓸 내용을 정리해요.

학교에서 어떤 활동을 했나요?

활동했던 모습을 자세히 떠올려 써 보세요.

그때 어떤 생각이나 느낌이 들었나요?

세 줄로 써 보세요.

년 월 일 요일

제목 :

내가 쓴 글! 100점 만점에 점

010 ----- 기억에 남는 일

친구가 쓴 글을 읽어요.

제목: 샌드위치 만들기

오늘 집에서 엄마와 함께 샌드위치를 만들었다.
나는 두툼한 식빵 사이에 내가 좋아하는 햄, 치즈만 넣었다.
엄마가 잔소리를 하실 줄 알았는데 웃기만 하셨다. 휴~!

내가 쓸 내용을 정리해요.

누구와 언제 어디에서 무엇을 했나요?

그 일을 했을 때 모습을 자세히 떠올려 써 보세요.

그때 어떤 생각이나 느낌이 들었나요?

세 줄로 써 보세요.

년 월 일 요일

제목 :

내가 쓴 글! 100점 만점에 점

2

기분을 말해 봐

다른 사람에게 고마운 마음이나
서운했던 마음을 느껴 본 적 있나요?
이런 마음이 들 때 어떻게 했나요?

내 마음을 글로 표현해 보세요.
내 마음을 들여다보며
스스로에 대해 더 잘 알 수 있을 거예요.
글쓰기 실력도 쑥쑥 자랄 테고요.

마음 표현 글쓰기

마음을 잘 표현하려면
어떻게 해야 하나요?

마음을 잘 표현하려면
감정을 나타내는 말을 많이
알고 있어야 해요.

감정을 나타내는 말에는
무엇이 있나요?

기쁘다, 즐겁다, 행복하다,
슬프다 등 여러 가지 말이 있어요.

마음을 표현하는 글을
잘 쓰려면 어떻게 해야 하나요?

내 마음을 들여다보고 그런 마음이
든 까닭을 골똘히 생각해 보세요.

다음 어휘 중 감정을 나타내는 말에 ○표 해 봅시다.

기뻐요 달려요 학교

잤어요 강아지

황당해요

젓가락 바스락바스락

슬퍼요 아쉬워요

행복해요 먹어요

정답 기뻐요 행복해요 슬퍼요 황당해요 아쉬워요

011 ----- 야호! 기쁜 마음

친구가 쓴 글을 읽어요.

제목: 말도 안 돼!

오늘 태권도장에서 피구를 했다.
상대편 나영이가 피구를 제일 잘하는데, 시작하자마자 아웃 됐다.
덕분에 우리 편이 이겨서 날아갈 것처럼 기뻤다. 야호!

내가 쓸 내용을 정리해요.

기쁜 마음이 들었던 일은 무엇이었나요?

무슨 일이 있었는지 자세히 떠올려 써 보세요.

기쁜 마음이 든 까닭이 무엇인가요?

세 줄로 써 보세요.

년 월 일 요일

제목 :

내가 쓴 글! 100점 만점에 점

012 ----- 으악, 정말 짜증 났어

친구가 쓴 글을 읽어요.

제목: 삐죽삐죽 내 머리!

아침에 일어나서 거울을 봤다.
으악! 머리가 삐죽삐죽 솟아 있었다.
안 그래도 늦잠 잤는데, 머리 모양까지 이상하다니 정말 짜증이 났다.

내가 쓸 내용을 정리해요.

어떤 일로 짜증 나는 마음이 들었나요?

무슨 일이 있었는지 자세히 떠올려 써 보세요.

짜증 나는 마음이 든 까닭이 무엇인가요?

세 줄로 써 보세요.

년 월 일 요일

제목 :

내가 쓴 글! 100점 만점에 점

013 ----- 랄랄라, 즐거워라

친구가 쓴 글을 읽어요.

제목: 이런 날이 있다니

주말에 엄마, 아빠랑 놀이공원에 갔다.
생각보다 사람이 없어서 놀이 기구를 9개나 탔다.
이렇게나 많이 타다니 정말 즐거운 날이었다. 다음에는 10개 도전!

내가 쓸 내용을 정리해요.

요즘 즐거웠던 일은 무엇이었나요?

무슨 일이 있었는지 자세히 떠올려 써 보세요.

즐거운 마음이 든 까닭이 무엇인가요?

세 줄로 써 보세요.

년 월 일 요일

제목 :

내가 쓴 글! 100점 만점에 점

014 ----- 걱정이었지 뭐야

친구가 쓴 글을 읽어요.

제목: 아이고, 깜빡했네!

학교에 가서 책가방을 열었는데, 잉? 수학 익힘책이 없었다.

어제 숙제하고 가방에 넣는 걸 깜빡했나 보다. 이크!

선생님께 혼날까 봐 걱정했는데 내일 잊지 말고 갖고 오라고 하셨다. 다행이었다.

내가 쓸 내용을 정리해요.

어떤 일로 걱정되는 마음이 들었나요?

왜 그런 일이 있었을까요?

걱정하는 마음이 든 까닭이 무엇인가요?

세 줄로 써 보세요.

년 월 일 요일

제목 :

내가 쓴 글! 100점 만점에 점

015 ----- 앗, 깜짝이야!

친구가 쓴 글을 읽어요.

제목: 으악! 거미다!

과학 시간에 내 책상 위에 거미가 올라왔다.
"으악! 거미다!" 나는 너무 놀라 후다닥 일어나서 소리 질렀다.
선생님께서 거미를 잡아서 밖으로 놓아주셨다. 휴~

내가 쓸 내용을 정리해요.

요즘 놀랐던 일은 무엇이었나요?

무슨 일이 있었는지 자세히 떠올려 써 보세요.

그래서 어떻게 하였나요?

세 줄로 써 보세요.

년 월 일 요일

제목 :

내가 쓴 글! 100점 만점에 점

016 ----- 와! 고마워

친구가 쓴 글을 읽어요.

제목: 친구야, 고마워!

수업 시간에 수학 문제를 풀려고 하는데 연필이 없었다.
그때 앞에 있던 친구가 연필을 빌려줘서 고마웠다.
다음에 나도 준비물 없는 친구가 있으면 빌려줘야지!

내가 쓸 내용을 정리해요.

내게 어떤 난처하거나 어려운 상황이 있었나요?

누가 어떤 일을 해주어서 고마웠나요?

그 일이 있었을 때 어떤 생각을 했나요?

세 줄로 써 보세요.

년 월 일 요일

제목 :

내가 쓴 글! 100점 만점에 점

017 ----- 정말 미안해

친구가 쓴 글을 읽어요.

제목: 진짜 진짜 미안해!

미술 시간에 그림을 그리는데 친구 그림에 물을 엎질렀다.
친구가 속상해하는 모습을 보니 너무 미안했다.
앞으로는 조심해야겠다. 친구야, 미안해!

내가 쓸 내용을 정리해요.

어떤 일로 미안한 마음이 들었나요?

그 일이 있었을 때 상대방은 어땠나요?

그 일이 있었을 때 어떤 생각을 했나요?

세 줄로 써 보세요.

년 월 일 요일

제목 :

내가 쓴 글! 100점 만점에 점

018 ----- 너무 속상했어

친구가 쓴 글을 읽어요.

제목: 코로나에 걸리다니

열이 나서 코로나 검사를 했더니 양성이 나왔다.
코로나 걸리면 목도 많이 아프다던데….
아픈 것은 너무 속상하지만, 학교 못 가는 건 솔직히 조금 좋았다.

내가 쓸 내용을 정리해요.

어떤 일로 속상한 마음이 들었나요?

속상한 마음이 든 까닭이 무엇인가요?

그 일이 있었을 때 어떤 생각을 했나요?

세 줄로 써 보세요.

년 월 일 요일

제목 :

내가 쓴 글! 100점 만점에 점

019 ----- 으, 실망이야

친구가 쓴 글을 읽어요.

제목: 아빠는 왜 그럴까

오늘 워터 파크에 가기로 했는데 아빠가 일이 생겨서 못 간다고 했다.
파도 풀도 가고 미끄럼도 신나게 타고 싶었는데 완전 망했다.
엉엉. 아빠한테 실망! 오늘은 정말 정말 아빠가 밉다.

내가 쓸 내용을 정리해요.

나를 실망하게 한 일은 무엇인가요?

실망하는 마음이 든 까닭은 무엇인가요?

그 일이 있었을 때 어떤 생각을 했나요?

세 줄로 써 보세요.

년 월 일 요일

제목 :

내가 쓴 글! 100점 만점에 점

020 ----- 정말 행복했어

친구가 쓴 글을 읽어요.

제목: 짜잔! 내 생일!

내 생일이라서 이모네 식구랑 파티를 했다.
맛있는 케이크를 냠냠! 전부터 갖고 싶었던 게임기를 선물로 받았다.
정말 행복했다. 매일매일 생일이라면 얼마나 좋을까?

내가 쓸 내용을 정리해요.

요즘 행복했던 일은 무엇이었나요?

행복한 마음이 든 까닭이 무엇인가요?

그 일이 있었을 때 어떤 생각을 했나요?

세 줄로 써 보세요.

년 월 일 요일

제목 :

내가 쓴 글! 100점 만점에 점

3

신나는 상상의 세계

우리 함께 상상의 세계를
펼쳐 볼까요?

하늘을 나는 상상!
무엇이든 할 수 있다는 상상!

상상의 세계를 글로 쓰며
글쓰기의 매력에 퐁당 빠져 보아요!

상상할 때는 어떻게 하면 되나요?

자유롭고 즐겁게 상상하며
머릿속에 장면을 상세히 그려 보세요.

상상력이 더 풍부해지려면 어떻게 하면 되나요?

'에잇! 이건 말도 안 돼!'라는 생각을 버려야 해요.
말 그대로 상상이니까요.

상상의 세계를 글로 잘 쓰려면
어떻게 해야 하나요?

내가 머릿속에 떠올린 장면을 최대한 자세히 쓰고,
글로 잘 표현했는지 확인해 보세요.

우주 여행을 간다면 무엇을 할까요?
상상해서 그림으로 표현하고, 빈칸을 채워 보세요.

우주 여행을 가면 ______________________________

021 ----- 동물과 이야기한다면

친구가 쓴 글을 읽어요.

제목: 어쩌지?

동물과 이야기를 한다면 당연히 내 강아지 동생 아라랑 해야지!
내가 학교 가면 이 언니가 보고 싶은지 물어볼 거야.
근데 나는 하나도 안 보고 싶고, 간식만 먹고 싶다고 하면 어쩌지?

내가 쓸 내용을 정리해요.

어떤 동물과 이야기를 하고 싶나요?

동물에게 무엇을 물어보고 싶나요?

그 동물은 내게 어떤 말을 할까요?

세 줄로 써 보세요.

년 월 일 요일

제목 :

내가 쓴 글! 100점 만점에 점

022 ----- 선생님이 된다면

친구가 쓴 글을 읽어요.

제목: 매일매일 체육!

내가 선생님이 된다면 매일 체육 수업만 하고 싶어.
아이들은 원래 공부보다 피구랑 축구, 발야구를 훨씬 좋아하거든.
그럼 아이들 모두 학교 오는 시간만 기다리게 될걸!

내가 쓸 내용을 정리해요.

선생님이 되면 무엇을 하고 싶나요?

그것을 하고 싶은 까닭은 무엇인가요?

그것을 하면 어떤 생각이나 느낌이 들까요?

세 줄로 써 보세요.

년 월 일 요일

제목 :

내가 쓴 글! 100점 만점에 점

023 ----- 세 가지 소원을 들어준다면

친구가 쓴 글을 읽어요.

제목: 세 가지 소원은 바로!

먼저 아이돌처럼 춤도 잘 추고 노래도 잘하게 해 달라고 할 거야.
그리고 알라딘의 요술 램프를 달라고 할 거야.
마지막으로 소원을 100개 더 들어 달라고 해야지!

내가 쓸 내용을 정리해요.

첫 번째 소원은 무엇인가요?

두 번째 소원은 무엇인가요?

세 번째 소원은 무엇인가요?

세 줄로 써 보세요.

년 월 일 요일

제목 :

내가 쓴 글! 100점 만점에 점

024 ----- 하늘에서 100만원이 떨어지면

친구가 쓴 글을 읽어요.

제목: 멋진 스마트폰 살 거야!

100만원이 생기면 지민이도 부러워할 멋진 스마트폰을 살 거야.
지민이가 내 스마트폰이 오래됐다고 만날 놀리거든. 사실 너무 느리기는 해.
근데 종일 스마트폰만 하고 싶으면 어쩌지?

내가 쓸 내용을 정리해요.

100만원이 생기면 무엇을 하고 싶나요?

그것을 하고 싶은 까닭은 무엇인가요?

그것을 하면 어떤 생각이나 느낌이 들까요?

세 줄로 써 보세요.

년 월 일 요일

제목 :

내가 쓴 글! 100점 만점에 점

025 ----- 여행 상품권 당첨!

친구가 쓴 글을 읽어요.

제목: 어느 나라가 좋을까?

해외 여행이라면 나는 먼저 미국을 가고 싶어.
디즈니랜드에 가면 스파이더맨이랑 사진 찍고 놀 수 있을지도 모르잖아!
생각만 해도 짜릿하고 신난다.

내가 쓸 내용을 정리해요.

어느 나라로 여행을 가고 싶나요?

여행지에서 무엇을 하고 싶나요?

그때 어떤 생각이나 느낌이 들까요?

세 줄로 써 보세요.

년 월 일 요일

제목 :

내가 쓴 글! 100점 만점에 점

026 ----- 타임머신 타고 쓩!

친구가 쓴 글을 읽어요.

제목: 과거로 갈까, 미래로 갈까?

결심했어! 난 타임머신을 타면 먼 미래로 갈 거야.
미래에는 우주 여행도 할 수 있을걸? 그럼 화성이랑 목성을 가야지.
그곳에서 푸른 지구를 보면 정말 신기하고 황홀할 것 같아!

내가 쓸 내용을 정리해요.

타임머신을 타면 어느 시간대로 가고 싶나요?

그 시간대로 가서 무엇을 하고 싶나요?

그때 어떤 생각이나 느낌이 들까요?

세 줄로 써 보세요.

년 월 일 요일

제목 :

내가 쓴 글! 100점 만점에 점

027 ----- 공부 없는 세상

친구가 쓴 글을 읽어요.

제목: 좋을까? 나쁠까?

공부를 안 하면 계속 놀 수 있어서 좋지, 아싸!
근데 공부하지 않으면 머리가 나빠질 것 같기도 해.
그래도 공부는 재미없는걸. 게임으로도 머리는 좋아지지 않나? 히히!

내가 쓸 내용을 정리해요.

공부하지 않아도 되면 어떤 점이 좋을까요?

공부하지 않아도 되면 어떤 점이 안 좋을까요?

공부에 대한 내 생각은 어떤가요?

세 줄로 써 보세요.

년 월 일 요일

제목 :

내가 쓴 글! 100점 만점에 점

028 ----- 자유 시간 한 시간이 생기면

친구가 쓴 글을 읽어요.

제목: 잔소리 듣지 않으며 게임 할래

자유 시간 한 시간이 생기면 게임을 할 거야.
평소에는 학원도 가고 숙제도 해야 해서 바쁘잖아.
와! 한 시간이 얼마나 빨리 갈까? 벌써 시간이 아까워.

내가 쓸 내용을 정리해요.

자유 시간 한 시간 동안 무엇을 하고 싶나요?

왜 그것을 하고 싶나요?

어떤 생각이나 느낌이 들 것 같나요?

세 줄로 써 보세요.

년 월 일 요일

제목 :

내가 쓴 글! 100점 만점에 점

029 ----- 하늘을 날아 볼까?

친구가 쓴 글을 읽어요.

제목: 구름 위로! 고고!

하늘을 날 수 있다면 구름 위로 올라가 볼 거야.
구름을 만지면 어떤 느낌일지 궁금하거든.
구름을 만지면 물컹하고 부드러울 것 같아! 솜사탕 같을까?

내가 쓸 내용을 정리해요.

하늘을 날 수 있다면 무엇을 하고 싶나요?

왜 그것을 하고 싶나요?

그때 어떤 생각이나 느낌이 들 것 같나요?

세 줄로 써 보세요.

년 월 일 요일

제목 :

내가 쓴 글! 100점 만점에 점

030 ----- 학교가 사라진다면

친구가 쓴 글을 읽어요.

제목: 학교가 없다면 어떨까?

학교가 사라지면 공부하지 않아도 되어서 좋을 것 같아.
그런데 친구들을 만나기 어려울 것 같기도 해.
공부는 별로지만, 친구는 좋은걸! 학교가 사라지지 않으면 좋겠어.

내가 쓸 내용을 정리해요.

학교가 사라지면 어떤 점이 좋을까요?

학교가 사라지면 어떤 점이 나쁠까요?

학교에 대한 내 생각은 어떤가요?

세 줄로 써 보세요.

년 월 일 요일

제목 :

내가 쓴 글! 100점 만점에 점

재미있는 말놀이

끝말잇기

가지 ········ 지구 ········ 구렁이 ········ ( )

학교 ········ 교실 ········ ( ) ········ ( )

엄마 ········ 마음 ········ ( ) ········ ( )

지렁이 ········ ( ) ········ ( ) ········ ( )

같은 글자로 시작하는 말 찾기

가지 ········ 가재 ········ 가게 ········ ( ) ········ ( )

다리미 ········ 다람쥐 ········ 다리 ········ ( ) ········ ( )

사람 ········ 사과 ········ ( ) ········ ( ) ········ ( )

수박 ········ 수영장 ········ ( ) ········ ( ) ········ ( )

같은 글자로 끝나는 말 찾기

오리 ······ 유리 ······ 자리 ······ ······

용기 ······ 고기 ······ 줄넘기 ······ ······

상장 ······ ······ ······ ······

고구마 ······ ······ ······ ······

다섯 고개 놀이

이것은 무엇일까요?

1. 네모 모양입니다
2. 한 글자입니다.
3. 종이가 많이 들어 있습니다.
4. 글자가 있습니다.
5. 공부할 때 사용하기도 합니다.

답 ____________________

4 내 마음을 전해요

누군가에게
내 마음과 생각을 전한다는 건
정말 멋진 일이에요.

상대방에게 내 마음이나 소식을 전하는
글쓰기, 함께해 볼까요?

상대방에게 하고 싶은 말을
글로 써 보아요!

마음을 전하는 편지글은 어떻게 쓰나요?

전하고 싶은 마음이 잘 드러나도록 써요.
왜 그런 마음이 들었는지 쓰는 것도 좋아요!

편지글을 쓸 때 주의할 점은 무엇인가요?

받는 사람에게 예의를 지켜 써야 해요.

편지글을 잘 쓰려면 어떻게 해야 하나요?

전하고 싶은 마음이 든 까닭을 자세히 써 보세요.

아래의 글에서 어떤 마음을 전하고 있는지 연결해 봅시다.

1

친구에게

친구야, 안녕!

네가 어제 피아노 대회에서 상을 받았다는 소식을 들었어.

그동안 대회에 나간다고 피아노 연습을 열심히 했잖아.

정말 축하해!

2

할아버지께

할아버지 안녕하세요? 할아버지께서는 어떻게

제가 딱 원하는 것을 아셨어요?

어린이날 선물로 보내주신 게임기 정말 정말 감사합니다.

공부도 더 열심히 하고 잘 가지고 놀게요.

할아버지 사랑해요.

① 미안한 마음

② 서운한 마음

③ 축하하는 마음

④ 감사하는 마음

⑤ 억울한 마음

정답 1-③ 2-④

031 ----- 사랑하는 부모님께

친구가 쓴 글을 읽어요.

제목: 가끔은 쉬고 싶어요

엄마, 안녕하세요. 엄마가 공부하라고 잔소리할 때는 조금 힘들어요.
공부하는 게 저에게는 쉽지 않은 일이거든요.
가끔은 공부를 쉬어 갈 수도 있게 해 주세요.

내가 쓸 내용을 정리해요.

부모님께 어떤 마음을 전할까요?

그런 마음이 든 까닭은 무엇인가요?

하고 싶은 말은 무엇인가요?

세 줄로 써 보세요.

년 월 일 요일

제목 :

내가 쓴 글! 100점 만점에 점

032 ----- 멋진 선생님께

친구가 쓴 글을 읽어요.

제목: 피구 또 해요!

선생님, 안녕하세요. 어제 체육 시간에 피구를 하게 해 주셔서 감사해요.
피구를 하다 보면 정말 조마조마하고 우리 팀 친구들과 더 친해져요.
체육 시간에 피구만 하면 안 될까요?

내가 쓸 내용을 정리해요.

선생님께 어떤 마음을 전할까요?

그런 마음이 든 까닭은 무엇인가요?

하고 싶은 말은 무엇인가요?

세 줄로 써 보세요.

년 월 일 요일

제목 :

내가 쓴 글! 100점 만점에 점

033 ----- 소중한 친구에게

친구가 쓴 글을 읽어요.

제목: 약속을 못 지켜서 미안해

수아야, 어제 같이 놀기로 했는데 약속을 지키지 못해서 미안해.
같이 자전거 타려고 했는데 못 타서 많이 서운했을 것 같아.
정말 미안해. 이번 주 토요일에 꼭 같이 놀자!

내가 쓸 내용을 정리해요.

친구에게 어떤 마음을 전할까요?

그런 마음이 든 까닭은 무엇인가요?

하고 싶은 말은 무엇인가요?

세 줄로 써 보세요.

년 월 일 요일

제목 :

내가 쓴 글! 100점 만점에 점

034 ----- 보고 싶은 할머니께

친구가 쓴 글을 읽어요.

제목: 할머니, 보고 싶어요

할머니, 건강하게 잘 지내고 계신가요? 보고 싶어요.
할머니께서 이사 가신 후로 오랫동안 못 만났잖아요.
다음 주 일요일에 할머니 댁에 꼭 놀러 갈게요.

내가 쓸 내용을 정리해요.

가족에게 어떤 마음을 전할까요?

그런 마음이 든 까닭은 무엇인가요?

하고 싶은 말은 무엇인가요?

세 줄로 써 보세요.

년 월 일 요일

제목 :

내가 쓴 글! 100점 만점에 점

035 ----- 이웃을 떠올리며

친구가 쓴 글을 읽어요.

제목: 별빛 슈퍼 사장님께

별빛 슈퍼 사장님, 갈 때마다 친절하게 대해 주셔서 감사합니다.
지난번에 돈 계산을 잘못했는데 도와주셔서 정말 좋았어요.
맛있는 간식, 맨날 맨날 별빛 슈퍼에서 살 거예요!

내가 쓸 내용을 정리해요.

이웃 중 누구에게 어떤 마음을 전할까요?

그런 마음이 든 까닭은 무엇인가요?

하고 싶은 말은 무엇인가요?

세 줄로 써 보세요.

년 월 일 요일

제목 :

내가 쓴 글! 100점 만점에 점

036 ----- 나무야 나무야

친구가 쓴 글을 읽어요.

제목: 고마운 나무야

나무야, 우리에게 좋은 것들을 많이 줘서 고마워.
네 덕분에 좋은 공기도 마시고, 맛있는 과일도 먹을 수 있어.
나무야, 겨울에 춥지 않니? 내가 목도리 둘러 줄게!

내가 쓸 내용을 정리해요.

나무에게 어떤 마음을 전할까요?

그런 마음이 든 까닭은 무엇인가요?

나무를 위해 할 수 있는 일은 무엇이 있을까요?

세 줄로 써 보세요.

년 월 일 요일

제목 :

내가 쓴 글! 100점 만점에 점

037 ----- 존경하는 위인께

친구가 쓴 글을 읽어요.

제목: 존경하는 세종대왕님께

세종대왕님, 한글을 만들어 주셔서 감사합니다.
한글 만드는 일이 힘든데도 포기하지 않고 끝까지 해내셨죠.
저도 세종대왕님을 본받아 힘든 일도 열심히 하는 사람이 될게요.

내가 쓸 내용을 정리해요.

위인 중 누구에게 어떤 마음을 전할까요?

그런 마음이 든 까닭은 무엇인가요?

존경하는 인물을 본받아 할 수 있는 일에 무엇이 있을까요?

세 줄로 써 보세요.

년 월 일 요일

제목 :

내가 쓴 글! 100점 만점에 점

038 ----- 책 속 인물에게

친구가 쓴 글을 읽어요.

제목: '이솝 우화' 속 거북이에게

거북아, 달리기 경주에서 토끼를 이긴 것 축하해.
네가 느려도 포기하지 않은 점이 정말 대단한 것 같아.
나도 포기하지 않으면 이길 수 있겠지? 친구가 낮잠을 자 주면 좋겠다, 하하!

내가 쓸 내용을 정리해요.

책 속 누구에게 어떤 마음을 전할까요?

왜 그런 마음을 전하고 싶나요?

인물에게 하고 싶은 말은 무엇인가요?

세 줄로 써 보세요.

년 월 일 요일

제목 :

내가 쓴 글! 100점 만점에 점

039 ----- 아끼는 물건에게

친구가 쓴 글을 읽어요.

제목: '지우개 청소기'에게

지우개 청소기야, 너에게 고마운 마음을 전하고 싶어.
네가 있어서 지우개 가루 청소가 아주 편리해졌어.
앞으로도 잘 부탁할게! 망가지지 말고 오래오래 가자!

내가 쓸 내용을 정리해요.

무엇에게 어떤 마음을 전할까요?

왜 그런 마음을 전하고 싶나요?

소중한 물건에게 하고 싶은 말은 무엇인가요?

세 줄로 써 보세요.

년 월 일 요일

제목 :

내가 쓴 글! 100점 만점에 점

040 ----- 1년 후 나에게

친구가 쓴 글을 읽어요.

제목: 1년 후 하니에게

하니야, 꾀부리고 싶은 적도 있었는데 나름대로 열심히 해 줘서 고마워.
덕분에 1년 동안 좀 똑똑해진 것 같아. 특히 수학은 자신 있다고!
올해처럼 내년에도 쭈욱~ 열심해 해 보자. 파이팅!

내가 쓸 내용을 정리해요.

'1년 후 나'에게 어떤 마음을 전하고 싶나요?

왜 그런 마음을 전하고 싶나요?

'1년 후 나'에게 하고 싶은 말은 무엇인가요?

세 줄로 써 보세요.

년 월 일 요일

제목 :

내가 쓴 글! 100점 만점에 점

5

나의 선택은?

무엇을 선택해야 할지
고민했던 적 있나요?

저녁 식사로 무엇을 먹을지
선물로 무엇을 사달라고 할지
무엇을 하면서 놀지….

무엇을 선택해야 할지 고민될 때
글을 써 보는 것도 좋아요!

선택한 의견에 적절한 글을 어떻게 쓰나요?

먼저 내 입장이 무엇인지 정확히
파악해야 해요. 그리고 쓸 내용을 생각해요.

'내 선택'을 주제로 글을 잘 쓰려면
어떻게 하면 되나요?

둘 중 무엇을 선택했는지, 그것을 왜 선택했는지
잘 드러나도록 쓰면 돼요.

'내 선택'을 주제로 글을 쓸 때
주의할 점은 무엇인가요?

쓸 내용을 떠올리거나 글을 쓸 때,
입장에서 벗어난 내용을 쓰고 있는 것은 아닌지
스스로 점검해 보세요.

둘 중 무엇을 선택할까요? ○표를 하고 그렇게 선택한 까닭을 말해 봅시다.

짜장면 먹기	짬뽕 먹기
여름에 여행 가기	겨울에 여행 가기
자유 시간에 책 읽기	자유 시간에 줄넘기하기
'색칠하기' 책 사기	'만들기' 책 사기

041 ----- 떡볶이? 피자?

친구가 쓴 글을 읽어요.

제목: 내 인생 최대의 고민!

떡볶이와 피자 중 꼭 하나만 먹어야 한다면 피자를 고를래.
피자는 여러 가지 토핑이 있어서 맛있거든.
한번에 다 못 먹을 수도 있지만, 내일 먹으면 돼.

내가 쓸 내용을 정리해요.

떡볶이와 피자 중 무엇을 선택할까요?

그것을 고른 까닭은 무엇인가요?

그것을 골랐을 때 생길 수 있는 문제와 해결 방법은 무엇일까요?

세 줄로 써 보세요.

년 월 일 요일

제목 :

내가 쓴 글! 100점 만점에 점

042 ----- 초콜릿? 사탕?

친구가 쓴 글을 읽어요.

제목: 당연히 초콜릿이지

초콜릿과 사탕 중 하나만 사야 한다면 당연히 초콜릿이지.
초콜릿은 달콤하면서도 쌉사름하고 부드럽잖아.
입 안에서 살살 녹는 그 맛! 먹으면 기분 좋아져.

내가 쓸 내용을 정리해요.

초콜릿과 사탕 중 무엇을 선택할까요?

그것을 고른 첫 번째 까닭은 무엇인가요?

그것을 고른 두 번째 까닭은 무엇인가요?

세 줄로 써 보세요.

년 월 일 요일

제목 :

내가 쓴 글! 100점 만점에 점

043 ----- 운동? 그리기?

친구가 쓴 글을 읽어요.

제목: 자유 시간에는 운동이지

자유 시간이 생긴다면 운동을 할 거야.
선생님께서 규칙적으로 운동하면 튼튼해진다고 하셨거든.
운동해서 땀이 나면 옷은 젖어도 기분은 상쾌해져.

내가 쓸 내용을 정리해요.

자유 시간에 운동과 그리기 중 무엇을 할까요?

그것을 고른 첫 번째 까닭은 무엇인가요?

그것을 고른 두 번째 까닭은 무엇인가요?

세 줄로 써 보세요.

년 월 일 요일

제목 :

내가 쓴 글! 100점 만점에 점

044 ----- 박물관? 미술관?

친구가 쓴 글을 읽어요.

제목: 그래도 박물관이 좋겠어

둘 다 좀 심심하긴 하지만, 그 중에서는 박물관이 좋을 것 같아.
예전에 공룡 박물관에 갔는데 우아! 공룡이 그렇게 크다니 진짜 신기했어.
공룡 화석 맞추기 같은 체험 활동도 재밌었어.

내가 쓸 내용을 정리해요.

주말에 박물관에 갈까요? 미술관에 갈까요?

그것을 고른 첫 번째 까닭은 무엇인가요?

그것을 고른 두 번째 까닭은 무엇인가요?

세 줄로 써 보세요.

년 월 일 요일

제목 :

내가 쓴 글! 100점 만점에 점

045 ----- 사과? 딸기?

친구가 쓴 글을 읽어요.

제목: 고민할 것도 없이 딸기!

둘 중 하나만 먹어야 한다면 딸기를 선택할 거야.
사과는 껍질을 깎아야 해서 귀찮아.
딸기는 생긴 것도 예쁘고 맛있잖아.

내가 쓸 내용을 정리해요.

사과를 먹을까요? 딸기를 먹을까요?

그것을 고른 첫 번째 까닭은 무엇인가요?

그것을 고른 두 번째 까닭은 무엇인가요?

세 줄로 써 보세요.

년 월 일 요일

제목 :

내가 쓴 글! 100점 만점에 점

046 ----- 줄넘기? 자전거?

친구가 쓴 글을 읽어요.

제목: 쌩쌩! 신나게 자전거 탈 거야!

줄넘기도 자전거도 모두 좋지만 오늘은 자전거로 결정!
넓은 데서 자전거를 씽씽 타면 속이 뻥 뚫리거든.
자전거로 넓은 공원을 금방 한 바퀴 돌 수 있다는 점도 좋아.

내가 쓸 내용을 정리해요.

공원에서 줄넘기를 할까요? 자전거를 탈까요?

그것을 고른 첫 번째 까닭은 무엇인가요?

그것을 고른 두 번째 까닭은 무엇인가요?

세 줄로 써 보세요.

년 월 일 요일

제목 :

내가 쓴 글! 100점 만점에 점

047 ----- 아침? 저녁?

친구가 쓴 글을 읽어요.

제목: 저녁이 기다려져!

나는 아침보다 저녁이 좋아.
아침에는 학교 갈 준비를 해야 해서 바쁜데, 저녁은 여유 있어서 좋아.
맛있는 밥도 먹고 좋아하는 영상도 볼 수 있지. 잠깐이지만 말야.

내가 쓸 내용을 정리해요.

아침과 저녁 중 언제가 좋은가요?

그것이 좋은 첫 번째 까닭은 무엇인가요?

그것이 좋은 두 번째 까닭은 무엇인가요?

세 줄로 써 보세요.

년 월 일 요일

제목 :

내가 쓴 글! 100점 만점에 점

048 ----- 고구마? 감자?

친구가 쓴 글을 읽어요.

제목: 캠핑 감자

캠핑에 둘 중 하나를 가져가야 한다면 감자를 고를 거야.
바비큐할 때 감자를 구워 먹으면 얼마나 맛있다고.
카레에 넣을 수도 있고 찌개도 끓일 수 있잖아.

내가 쓸 내용을 정리해요.

고구마와 감자 중 무엇을 고를까요?

그것을 고른 첫 번째 까닭은 무엇인가요?

그것을 고른 두 번째 까닭은 무엇인가요?

세 줄로 써 보세요.

년 월 일 요일

제목 :

내가 쓴 글! 100점 만점에 점

049 ----- 쉬는 시간? 급식 시간?

친구가 쓴 글을 읽어요.

제목: 급식 시간이 더 좋아

쉬는 시간보다 급식 시간이 더 좋아.

쉬는 시간은 짧은데 급식 시간은 길거든.

급식 시간에 급식만 빨리 먹으면 더 많이 놀 수 있어서 좋아.

내가 쓸 내용을 정리해요.

쉬는 시간과 급식 시간 중 언제가 더 좋은가요?

그것이 좋은 첫 번째 까닭은 무엇인가요?

그것이 좋은 두 번째 까닭은 무엇인가요?

세 줄로 써 보세요.

년 월 일 요일

제목 :

내가 쓴 글! 100점 만점에 점

050 ----- 국어? 수학?

친구가 쓴 글을 읽어요.

제목: 수학 시간이 더 좋아

나는 국어 시간보다 수학 시간이 더 좋아.
수학 익힘책 문제 푸는 게 은근히 재미있거든.
친구들과 함께 수학 퀴즈 맞히는 것도 재미있어.

내가 쓸 내용을 정리해요.

국어 시간, 수학 시간 중 언제가 더 좋은가요?

그것이 좋은 첫 번째 까닭은 무엇인가요?

그것이 좋은 두 번째 까닭은 무엇인가요?

세 줄로 써 보세요.

년 월 일 요일

제목 :

내가 쓴 글! 100점 만점에 점

6

나에 대해 알려 줄게!

나는 어떤 사람일까요?

내 주변에는 누가 있을까요?

내가 좋아하는 것은 무엇일까요?

나와 주변에 대해

곰곰이 생각하며 글로 써 보아요.

나를 더욱 잘 알 수 있을 거예요.

소개 글 쓰기

소개하는 글을 어떻게 쓰나요?

소개하는 대상의 특징이
잘 드러나게 써야 해요.

사람을 소개할 때는 무엇을 쓰면 되나요?

이름, 성별, 모습, 좋아하는 것, 잘하는 것 등을
쓰면 돼요.

소개하는 글을 잘 쓰려면
어떻게 해야 하나요?

소개하는 대상에 대해 자세히 알수록
더 좋은 글을 쓸 수 있어요.
소개하는 대상을 알려 주는 책을 읽는 것도 좋아요.

나는 어떤 사람일까요? 내 모습을 그림으로 그리고, 빈칸을 채워 봅시다.

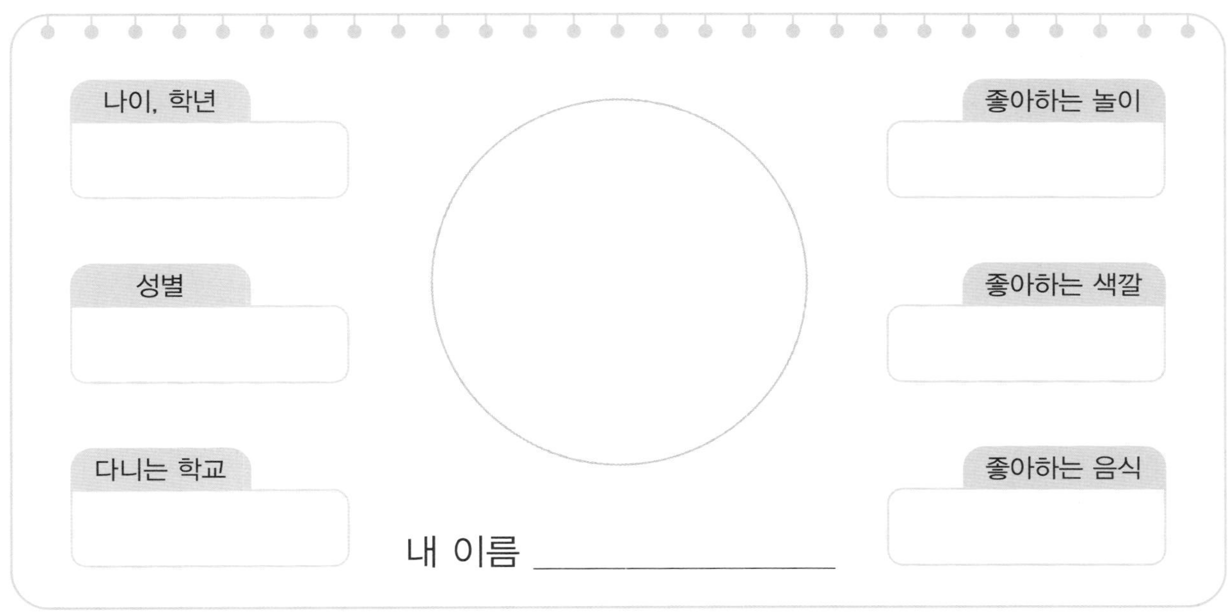

051 ----- 나는 이런 사람

친구가 쓴 글을 읽어요.

제목: 아이엠그라운드, 자기 소개하기

안녕! 나는 로미라고 해. 지금부터 나를 소개할게.
나는 초등학교 3학년이고 남자야. 햇빛 초등학교에 다니고 있어.
나는 줄넘기랑 피아노 치기를 좋아해.

내가 쓸 내용을 정리해요.

내 이름은 무엇인가요?

학년, 성별, 다니는 초등학교를 써 봅시다.

내가 좋아하는 것은 무엇인가요?

세 줄로 써 보세요.

년 월 일 요일

제목 :

내가 쓴 글! 100점 만점에 점

052 ----- 내가 좋아하는 동물

친구가 쓴 글을 읽어요.

제목: 귀여운 강아지

내가 좋아하는 동물은 강아지야.
털이 길든 짧든, 몸집이 크든 작든, 반가우면 꼬리를 치는 모습이 정말 귀여워.
강아지는 후각과 청각이 뛰어나서 냄새도 잘 맡고 소리도 잘 들어.

내가 쓸 내용을 정리해요.

내가 좋아하는 동물은 무엇인가요?

내가 좋아하는 동물의 생김새는 어떤가요?

내가 좋아하는 동물의 특징은 무엇인가요?

세 줄로 써 보세요.

년 월 일 요일

제목 :

내가 쓴 글! 100점 만점에 점

053 ----- 우리 가족 소개하기

친구가 쓴 글을 읽어요.

제목: 우리 아빠는 회사원

안녕! 사랑하는 우리 아빠를 소개할게.
우리 아빠 이름은 정달수이고, 기계 만드는 회사에 다니셔.
아빠는 나랑 잘 놀아 주셔. 아빠랑 같이 축구 하면 정말 재미있어.

내가 쓸 내용을 정리해요.

가족 중 누구를 소개할까요?

소개하려는 가족의 이름, 하는 일은 무엇인가요?

소개하려는 가족이 잘하는 일은 무엇인가요?

세 줄로 써 보세요.

년 월 일 요일

제목 :

내가 쓴 글! 100점 만점에 점

054 ----- 내가 좋아하는 계절

친구가 쓴 글을 읽어요.

제목: 새롭게 시작하는 봄

나는 봄, 여름, 가을, 겨울 중 봄을 좋아해.
봄이 되면 새싹이 돋고 겨울잠 자던 동물들이 깨어나.
예쁜 벚꽃이 눈처럼 떨어지는 곳에서 뛰어다니면 까르르 웃음이 터지지.

내가 쓸 내용을 정리해요.

내가 좋아하는 계절은 무엇인가요?

내가 좋아하는 계절의 모습은 어떤가요?

내가 좋아하는 계절에 무엇을 할 수 있나요?

세 줄로 써 보세요.

년 월 일 요일

제목 :

내가 쓴 글! 100점 만점에 점

055 ----- 내 친구를 소개합니다

친구가 쓴 글을 읽어요.

제목: 내 친구 윤영이

내가 소개할 친구는 윤영이야. 윤영이는 1학년 때 같은 반이었던 친구야.
윤영이는 친절하고 친구들을 잘 도와줘.
윤영이는 줄넘기를 잘해. 어려운 2단 뛰기까지 할 수 있어.

내가 쓸 내용을 정리해요.

소개할 친구는 누구인가요?

친구의 좋은 점은 무엇인가요?

친구가 잘하는 것은 무엇인가요?

세 줄로 써 보세요.

년 월 일 요일

제목 :

내가 쓴 글! 100점 만점에 점

056 ----- 이 수업이 최고

친구가 쓴 글을 읽어요.

제목: 두근두근 통합 시간

나는 통합 시간이 가장 기다려져.
신나는 노래를 부르기도 하고 멋진 그림을 그리기도 하거든.
놀이할 때도 많은데 친구들과 함께 활동하다 보면 어느새 끝났대.

내가 쓸 내용을 정리해요.

내가 좋아하는 수업 시간은 언제인가요?

이 시간에 무엇을 하나요?

이 수업의 어떤 점이 좋나요?

세 줄로 써 보세요.

년 월 일 요일

제목 :

내가 쓴 글! 100점 만점에 점

057 ----- 좋은 이웃 소개하기

친구가 쓴 글을 읽어요.

제목: 멋진 학원 선생님

내가 다니는 동네 미술 학원 선생님을 소개할게.
선생님은 내가 그림 그릴 때 어떻게 해야 하는지 친절하게 알려 주셔.
당연히 그림도 아주 멋지게 잘 그리셔. 화가 같아.

내가 쓸 내용을 정리해요.

소개하려는 이웃은 누구인가요?

소개하려는 이웃의 좋은 점은 무엇인가요?

소개하려는 이웃이 잘하는 것은 무엇인가요?

세 줄로 써 보세요.

년 월 일 요일

제목 :

내가 쓴 글! 100점 만점에 점

058 ----- 내가 좋아하는 음식

친구가 쓴 글을 읽어요.

제목: 호로록 호로록 칼국수

뜨거운 국물에 쫄깃한 면발이 맛있는 칼국수를 소개할게.
그 중에서도 바지락을 많이 넣어 끓인 바지락 칼국수!
난 국물이 뜨거워서 좋은데, 어른들은 시원하다고 하더라?

내가 쓸 내용을 정리해요.

어떤 음식을 소개할까요?

음식에 들어가는 재료는 무엇인가요?

음식 맛은 어떠한가요?

세 줄로 써 보세요.

년 월 일 요일

제목 :

내가 쓴 글! 100점 만점에 점

059 ----- 이 책을 추천할게

친구가 쓴 글을 읽어요.

제목: 재미있는 책, 읽어 볼래?

'팥죽 할머니와 호랑이' 책을 소개할게.
할머니를 잡아먹으려는 호랑이를 여러 동물과 물건이 물리치는 이야기야.
호랑이를 골탕 먹이는 장면이 특히 재미있어. 엄청 웃기고 통쾌하거든.

내가 쓸 내용을 정리해요.

어떤 책을 소개할까요?

어떤 이야기가 담겨 있나요?

소개하고 싶은 까닭이 무엇인가요?

세 줄로 써 보세요.

년 월 일 요일

제목 :

내가 쓴 글! 100점 만점에 점

060 ----- 내가 꿈꾸는 직업

친구가 쓴 글을 읽어요.

제목: 행복을 선물하는 요리사

나는 이다음에 커서 요리사가 되고 싶어.
요리사는 당연히 맛있는 음식을 만들지만, 어떤 요리는 멋있는 작품 같아.
내가 만든 음식을 다른 사람들이 맛있게 먹으면 꽤 뿌듯하겠지?

내가 쓸 내용을 정리해요.

미래에 되고 싶은 직업이 무엇인가요?

어떤 일을 하나요?

그 일을 하면 어떤 점이 좋을까요?

세 줄로 써 보세요.

년 월 일 요일

제목 :

내가 쓴 글! 100점 만점에 점

재미있는 말놀이

끝말잇기

두부 ………… 부엉이 ………… …………

의자 ………… ………… …………

공기 ………… ………… …………

과일 ………… ………… …………

같은 글자로 시작하는 말 찾기

고기 ………… 고양이 ………… ………… …………

나이테 ………… ………… ………… …………

우유 ………… ………… ………… …………

이불 ………… ………… ………… …………

글자 수가 같은 말 찾기

1. 책 ······ 귤 ······ ______ ······ ______ ······ ______
2. 사과 ······ 상장 ······ ______ ······ ______ ······ ______
3. 오렌지 ······ 카메라 ······ ______ ······ ______ ······ ______
4. 코스모스 ······ 머리카락 ······ ______ ······ ______ ······ ______

다섯 고개 놀이

이것은 무엇일까요?

1. 길쭉한 모양입니다.
2. 색깔이 다양합니다.
3. 검은색 심이 있습니다.
4. 학교에서 많이 사용합니다.
5. 이것으로 주로 글씨를 씁니다.

답 ______________

7

제안합니다!

떠오르는 제안이나 아이디어가 있나요?

그렇다면 글로 써 보아요!

내가 쓴 글을 읽은 누군가가

'이럴 수도 있겠구나!'

'정말 그렇겠구나!'

생각할 수 있도록 말이죠.

글로 내 제안을 전해 볼까요?

제안 글 쓰기

내 제안을 글로 쓰면 어떤 점이 좋나요?

글을 읽은 사람이 내 제안을 잘 알게 돼요.
그래서 내가 바라는 것을 이해할 수 있게 된답니다.

내 제안을 글로 표현할 때 무엇을 써야 하나요?

내 생각과 그렇게 제안하는 까닭을 써야 해요.

제안하는 글을 잘 쓰려면
어떻게 해야 하나요?

글 읽는 사람이 고개를 끄덕이며
'그럴 수 있겠구나!' 할 것 같은지 생각하며 써요.

아래의 제안에 어울리는 까닭을 선으로 이어 봅시다.

	제안		까닭
1	피자를 먹고 싶어요.	①	친구와 놀면 기분이 좋아져요.
2	친구와 놀게 해 주세요.	②	피자에는 다양한 토핑이 있어서 맛있어요.
3	가족 여행을 가고 싶어요.	③	가족끼리 함께 지내며 추억을 만들 수 있어요.

정답 1-② 2-① 3-③

061 ----- 급식실에 제안합니다

친구가 쓴 글을 읽어요.

제목: 다양한 떡볶이를 주세요!

선생님, 급식에 떡볶이가 자주 나오면 좋겠어요.
매운 떡볶이, 짜장 떡볶이, 크림 떡볶이까지! 떡볶이는 다 맛있어요!
떡볶이를 좋아하는 친구들이 많아서 음식 남기는 일도 줄어들 거예요.

내가 쓸 내용을 정리해요.

급식에 어떤 음식이 나오면 좋겠나요?

이 음식이 나오면 어떤 점이 좋을까요?

또 다른 좋은 점은 무엇일까요?

세 줄로 써 보세요.

년 월 일 요일

제목 :

내가 쓴 글! 100점 만점에 점

062 ----- 친구야, 이거 하자

친구가 쓴 글을 읽어요.

제목: 우리 알까기 하자!

친구야, 우리 알까기 할래?
바둑알을 손가락으로 탁! 하고 튕길 때 재미있거든.
네 바둑알이랑 내 바둑알이 같이 아웃되면 엄청 웃기기도 해.

내가 쓸 내용을 정리해요.

어떤 놀이를 하고 싶나요?

이 놀이를 하면 어떤 점이 좋을까요?

또 다른 좋은 점은 무엇일까요?

세 줄로 써 보세요.

년 월 일 요일

제목 :

내가 쓴 글! 100점 만점에 점

063 ----- 엄마에게 부탁해요

친구가 쓴 글을 읽어요.

제목: 용돈 올려 주세요~

엄마, 제 용돈을 조금만 올려 주세요.
미주랑 놀다가 같이 뭘 사 먹고 싶어도, 전 돈이 모자랄 때가 많아요.
용돈이 더 생기면 간식도 사 먹고, 모아서 엄마 선물도 사 드릴게요.

내가 쓸 내용을 정리해요.

엄마에게 부탁하는 첫 문장을 써 봅시다.

지금은 어떤 점이 불편한가요?

엄마가 부탁을 들어 주면 어떤 점이 좋나요?

세 줄로 써 보세요.

년 월 일 요일

제목 :

내가 쓴 글! 100점 만점에 점

064 ----- 주말 계획은 내게 맡겨요

친구가 쓴 글을 읽어요.

제목: 주말엔 놀이공원이죠!

엄마, 아빠! 이번 주말에는 놀이공원에 가면 좋겠어요.
자이로드롭을 이번에는 꼭 도전하고 싶어요. 저도 이제 용감해졌다고요.
츄러스랑 슬러시도 먹고, 인생 사진도 찍어 오는 것 어때요?

내가 쓸 내용을 정리해요.

가족과 어디에 놀러 가면 좋을까요?

왜 그곳에 가고 싶은가요?

그곳에서 또 무엇을 하고 싶은가요?

세 줄로 써 보세요.

년 월 일 요일

제목 :

내가 쓴 글! 100점 만점에 점

065 ----- 간식 만들어 주세요

친구가 쓴 글을 읽어요.

제목: 아빠 라볶이가 최고

아빠, 라볶이 만들어 주세요.

아빠의 라볶이에는 어묵이랑 햄이 많이 들어가서 맛집보다 더 맛있어요.

맵기도 적당해서 땀 흘리며 먹다 보면 스트레스도 풀리는걸요.

내가 쓸 내용을 정리해요.

엄마나 아빠에게 원하는 간식을 말해 보세요.

이 간식을 왜 먹고 싶은가요?

이 간식의 좋은 점은 무엇인가요?

세 줄로 써 보세요.

년 월 일 요일

제목 :

내가 쓴 글! 100점 만점에 점

066 ----- 이거 사 주세요, 네?

친구가 쓴 글을 읽어요.

제목: 게임기 사 주세요!

엄마, 저도 이제 게임기 사 주시면 안 될까요?
우빈이가 빌려줘서 해 봤는데 너무 재미있어요. 저도 갖고 싶어요.
대신 정해진 시간에만 하고, 숙제도 잘 할게요.

내가 쓸 내용을 정리해요.

엄마나 아빠에게 원하는 물건을 말해 보세요.

왜 이 물건을 가지고 싶은가요?

이 물건을 가지기 위해 할 수 있는 일을 떠올려 적어 봅시다.

세 줄로 써 보세요.

년 월 일 요일

제목 :

내가 쓴 글! 100점 만점에 점

067 ----- 내가 듣고 싶은 말

친구가 쓴 글을 읽어요.

제목: 몽글몽글 예쁜 말

엄마, 아빠! 저는 엄마, 아빠의 "사랑해."라는 말이 참 좋아요.
부모님이 절 사랑한다는 건 알지만 그래도 말로 들으면 기분이 좋거든요.
저도 엄마, 아빠께 사랑한다는 말을 많이 할게요. 사랑해요!

내가 쓸 내용을 정리해요.

부모님께 어떤 말을 듣고 싶은지 말해 보세요.

이 말을 들으면 어떤 점이 좋은가요?

내가 부모님을 기분 좋게 하는 말은 무엇일까요?

세 줄로 써 보세요.

년 월 일 요일

제목 :

내가 쓴 글! 100점 만점에 점

068 ----- 나에게 약속!

친구가 쓴 글을 읽어요.

제목: 오늘부터 내 방 청소는 내가 한다!

승민아, 내 침대 정리랑 물건 치우기를 스스로 해 보자.
내가 내 할 일을 잘하면 엄마가 얼마나 기뻐하시겠니?
방 청소 정도는 식은 죽 먹기잖아. 난 할 수 있어!

내가 쓸 내용을 정리해요.

나 자신에게 내가 스스로 지킬 약속을 해 보세요.

내가 그 약속을 지키면 어떤 점이 좋을까요?

나 자신을 응원하는 말을 써 봅시다.

세 줄로 써 보세요.

년 월 일 요일

제목 :

내가 쓴 글! 100점 만점에 점

069 ----- 오늘은 특별 방학

친구가 쓴 글을 읽어요.

제목: 저도 쉬고 싶은 날이 있다고요!

엄마, 오늘은 학원에 안 가고 싶어요.
제 학원 시간에 친구들이 모여서 게임을 한다는데 저도 하고 싶어요.
대신 내일부터는 공부를 더 재미있게 잘 할게요.

내가 쓸 내용을 정리해요.

학원(학교)을 하루 안 가고 싶다는 내용으로 첫 문장을 써 보세요.

그 까닭이 무엇인가요?

대신 무엇을 제안하고 싶나요?

세 줄로 써 보세요.

년 월 일 요일

제목 :

내가 쓴 글! 100점 만점에 점

070 ----- 책, 책, 책을 읽자

친구가 쓴 글을 읽어요.

제목: 똑똑해지고 싶다!

명수야, 앞으로 책을 많이 읽자.
책을 읽으면 재미도 있고, 몰랐던 걸 알 수 있으니 똑똑해지거든.
너도 재석이처럼 똑똑하고 멋진 친구가 되고 싶니? 그럼 힘내서 책을 읽어 보자!

내가 쓸 내용을 정리해요.

책을 많이 읽자고 다짐하는 내용으로 첫 문장을 써 봅시다.

책을 읽으면 어떤 점이 좋을까요?

자신을 응원하는 말을 써 봅시다.

세 줄로 써 보세요.

년 월 일 요일

제목 :

내가 쓴 글! 100점 만점에 점

8

자세히 살펴봐요

주변의 사물이나 현상을
주의 깊게 살펴본 적 있나요?

주위의 것들을 들여다보면
우리가 몰랐던 것을
발견하는 재미를 느낄 수 있죠.

나와 친숙한 물건을
자세히 살펴보고 글로 써 보아요!

관찰 글 쓰기

물건을 자세히 관찰하고 글로 쓰면 어떤 점이 좋나요?

글을 자세히 쓰는 연습을 할 수 있고
집중력과 관찰력을 기를 수도 있어요.

관찰한 것을 글로 쓸 때 무엇을 써야 하나요?

관찰한 물건의 이름이 무엇인지,
색깔, 모양, 크기는 어떤지 자세히 써요.

관찰 글을 잘 쓰려면 어떻게 해야 하나요?

다른 물건과 비교해서 써도 좋아요.
'내 연필은 젓가락보다 짧다.'라고 쓰면
'내 연필은 짧다.'라고 쓸 때보다
이해가 더 잘 될거예요.

참외를 관찰해서 아래처럼 정리했어요. 빈칸에 알맞은 말을 보기에서 찾아 써 봅시다.

보기 색깔 맛 모양 냄새

		참외		
모양	1 동그랗고 길쭉하다.		2 노랗다.	
	3 상큼하고 달콤한 향이 난다.		4 달콤하다.	

정답 1. 모양 2. 색깔 3. 냄새 4. 맛

071 ----- 연필 자세히 보기

친구가 쓴 글을 읽어요.

제목: 귤색 내 연필

이 연필은 귤 색깔과 똑같은 주황색이야.
길이는 내 젓가락보다 조금 짧아서 글씨 쓰기에 딱 좋아.
연필 끝에는 지우개가 있어서 틀린 글자를 지울 때 편해.

내가 쓸 내용을 정리해요.

지금 내 눈에 띈 연필은 무슨 색인가요?

연필 길이는 어떠한가요?

이 연필의 좋은 점은 무엇인가요?

세 줄로 써 보세요.

년 월 일 요일

제목 :

내가 쓴 글! 100점 만점에 점

072 ----- 지우개 살펴보기

친구가 쓴 글을 읽어요.

제목: 하얀 상자 모양 지우개

내 지우개는 하얀색 상자 모양이야.
지우개를 싸고 있는 종이가 조금 찢어졌고, 'eraser'라고 적혀 있어.
주변에서 쉽게 볼 수 있는 지우개인데 글씨가 잘 지워져서 좋아.

내가 쓸 내용을 정리해요.

내 필통 속 지우개의 색깔과 모양은 어떤가요?

지우개의 생김새를 자세히 써 봅시다.

내 지우개의 좋은 점은 무엇인가요?

세 줄로 써 보세요.

년 월 일 요일

제목 :

내가 쓴 글! 100점 만점에 점

073 ----- 교과서 표지 들여다보기

친구가 쓴 글을 읽어요.

제목: 2학기 국어 교과서에 가을이 왔어

내 국어 교과서 표지에는 '국어 1-2 ㉮'라고 적혀 있어.
남자아이는 밤을 따고, 안경 쓴 아이는 밤을 옮기고 있어.
여자아이는 돼지에게 밤을 주고, 다람쥐들이 밤 따는 일을 돕고 있어.

내가 쓸 내용을 정리해요.

지금 가까이 있는 교과서 표지에 적힌 제목은 무엇인가요?

표지에 있는 그림을 설명하는 문장을 써 봅시다.

그림을 설명하는 또 다른 문장을 써 봅시다.

세 줄로 써 보세요.

년 월 일 요일

제목 :

내가 쓴 글! 100점 만점에 점

074 ----- 내가 좋아하는 공책

친구가 쓴 글을 읽어요.

제목: 귀여운 내 공책

내가 좋아하는 공책 표지에는 귀여운 토끼 두 마리가 있어.
토끼들이 노란 이불 속에 쏙 들어가서 책을 읽고 있는데 편안해 보여.
속지에는 네모 칸이 한 줄에 10칸씩 있고, 칸 크기가 글씨 쓰기에 딱 좋아.

내가 쓸 내용을 정리해요.

내가 좋아하는 공책 표지에 어떤 그림이 있나요?

그림을 좀 더 자세히 표현해 볼까요?

공책 속지는 어떠한가요?

세 줄로 써 보세요.

년 월 일 요일

제목 :

내가 쓴 글! 100점 만점에 점

075 ----- 과일 관찰하기

친구가 쓴 글을 읽어요.

제목: 동글동글 사과

이 사과는 빨간색 둥근 모양이고, 엄마 주먹 크기 정도 돼.
사과를 반으로 잘라서 속을 보면 겉모습과 다른 연노란색이야.
그리고 진갈색 딱딱한 작은 씨가 있어.

내가 쓸 내용을 정리해요.

내가 고른 과일의 겉모습은 어떤가요?

과일 속은 어떠한가요?

과일의 생김새를 더 적어 볼까요?

세 줄로 써 보세요.

년 월 일 요일

제목 :

내가 쓴 글! 100점 만점에 점

076 ----- 맛 표현은 먹방처럼

친구가 쓴 글을 읽어요.

제목: 달콤한 보름달 호떡

이 호떡은 큼직한 보름달처럼 생겼어.
색깔은 노릇노릇한 하얀색인데, 살짝 탄 부분도 있어.
호떡 속에는 꿀이 엄청 많아. 한입 베어 물면 달콤한 꿀이 쪼르륵 흐르지.

내가 쓸 내용을 정리해요.

내가 고른 간식은 어떻게 생겼나요?

색깔은 어떠한가요?

어떤 재료가 들어 있나요? 그 재료에서 어떤 맛이 나나요?

세 줄로 써 보세요.

년 월 일 요일

제목 :

내가 쓴 글! 100점 만점에 점

077 ----- 구름 자세히 보기

친구가 쓴 글을 읽어요.

제목: 눈 내린 꽃밭일까? 하얀 도넛일까?

오늘 하늘에 뜬 구름이 눈 내린 꽃밭처럼 생겼어.
하얀색 구름이 꼭 소복이 쌓인 눈 같거든.
자세히 보면 작고 동그란 구멍이 있어서 하얀 크림 도넛 같기도 해.

내가 쓸 내용을 정리해요.

구름이 무엇처럼 생겼나요?

위와 같이 생각한 까닭은 무엇인가요?

구름과 닮은 또 다른 것에 무엇이 있나요?

세 줄로 써 보세요.

년 월 일 요일

제목 :

내가 쓴 글! 100점 만점에 점

078 ----- 자랑하고 싶은 내 필통

친구가 쓴 글을 읽어요.

제목: 내 필통에는 고래가 산다!

내 필통은 테두리가 둥근 납작한 상자 모양이야.
남색 바탕에 하늘색 고래 여러 마리가 그려져 있어.
필통 안에는 연필을 하나씩 꽂을 수 있는 자리가 있어서 정리하기 편해.

내가 쓸 내용을 정리해요.

내 필통은 어떤 모양인가요?

필통의 색깔과 무늬는 어떠한가요?

그 외 특별한 점은 무엇인가요?

세 줄로 써 보세요.

년 월 일 요일

제목 :

내가 쓴 글! 100점 만점에 점

079 ----- 우리 집 식물 관찰

친구가 쓴 글을 읽어요.

제목: 키도 크고 잎도 크구나!

우리 집 거실에 있는 큰 화분에 '알로카시아'라는 식물이 있어.
우리 집 '알로카시아'는 키가 커. 나보다 조금 작은 정도랄까?
잎은 세 개가 났는데 모두 내 손바닥보다 더 커.

내가 쓸 내용을 정리해요.

식물 이름이 무엇인가요?

식물의 크기는 어떠한가요?

식물의 생김새를 더 자세히 표현해 볼까요?

세 줄로 써 보세요.

년 월 일 요일

제목 :

내가 쓴 글! 100점 만점에 점

080 ----- 우리 집 특별한 물건

친구가 쓴 글을 읽어요.

제목: 세상을 담은 작은 지구

우리 집 거실에는 작은 지구인 지구본이 있어.
바다는 파란색, 육지는 노란색, 연두색 등 여러 색으로 되어 있어.
우리 집 지구본은 불이 들어와서 깜깜할 때 보면 기분이 좋아져.

내가 쓸 내용을 정리해요.

우리 집의 어떤 물건을 살펴볼까요?

물건의 생김새, 디자인은 어떠한가요?

이 물건의 특별한 점은 무엇인가요?

세 줄로 써 보세요.

년 월 일 요일

제목 :

내가 쓴 글! 100점 만점에 점

9

함께 사는 세상이니까

더 좋은 세상을 만들기 위해
우리가 할 수 있는 일에
무엇이 있는지 생각해 볼까요?

아름다운 세상을 위해
해야 할 일을 알리는
글을 써 보아요!

더 좋은 세상을 위해 해야 할 일을
주장하는 글을 쓰면 어떤 점이 좋나요?

글을 읽고 더 좋은 세상을 만들기 위해
노력하는 사람이 많아질 거예요.

주장하는 글을 쓸 때 무엇을 써야 하나요?

무슨 일을 해야 하는지, 그 일을 어떻게 해야 하는지,
왜 해야 하는지 써야 해요.

주장하는 글을 잘 쓰려면 어떻게 해야 하나요?

해야 할 일을 구체적으로 설명하면
생생한 글이 될 수 있어요.

다음 중 주장에 어울리는 까닭에 ○표 해 봅시다.

1

우리 마을에 공원을 만들어야 한다.	
① 달콤하고 부드러워서 사람들이 좋아하기 때문이다.	
② 공원은 아이들이 뛰어놀기 좋은 장소이기 때문이다.	

2

동물을 사랑하고 보호해야 한다.	
① 동물은 사람과 같은 생명체이기 때문이다.	
② 피구를 더 잘할 수 있기 때문이다.	

정답 1-② 2-①

081 ----- 환경을 보호해요

친구가 쓴 글을 읽어요.

제목: 지구가 아파요

환경 오염을 줄이기 위해 노력해야 합니다.
환경이 오염되면 우리가 살아가기 어렵기 때문입니다.
일회용품 줄이기, 가까운 거리는 걸어 다니기를 실천합시다.

내가 쓸 내용을 정리해요.

'환경을 보호해요'라는 생각이 드러나게 첫 문장을 써 볼까요?

환경을 보호해야 하는 까닭은 무엇인가요?

환경 보호를 위해 할 수 있는 일은 무엇일까요?

세 줄로 써 보세요.

년 월 일 요일

제목 :

내가 쓴 글! 100점 만점에 점

082 ----- 사이좋게 지내요

친구가 쓴 글을 읽어요.

제목: 사이좋은 친구가 됩시다

교실에서 친구들과 싸우지 말아야 합니다.
친구와 사이좋게 지내면 내 마음도 행복하고, 교실 분위기도 좋아집니다.
양보하기, 친절하게 말하기를 실천해 봅시다.

내가 쓸 내용을 정리해요.

'사이좋게 지내요'라는 생각이 드러나게 첫 문장을 써 볼까요?

친구와 사이좋게 지내야 하는 까닭은 무엇일까요?

친구와 사이좋게 지내기 위해 할 수 있는 일은 무엇일까요?

세 줄로 써 보세요.

년 월 일 요일

제목 :

내가 쓴 글! 100점 만점에 점

083 ----- 마을을 깨끗하게!

친구가 쓴 글을 읽어요.

제목: 깨끗한 마을을 위해 노력해요

내가 먼저 마을을 깨끗하게 만들기 위해 노력해야 합니다.
마을이 더러우면 보기에도 나쁘고 병에 걸릴 수도 있습니다.
쓰레기를 아무 데나 버리지 말고, 보이는 쓰레기는 주웁시다.

내가 쓸 내용을 정리해요.

'마을을 깨끗하게!'라는 생각이 드러나게 첫 문장을 써 볼까요?

깨끗한 마을을 위해 노력해야 하는 까닭은 무엇일까요?

깨끗한 마을을 만들기 위해 무엇을 할 수 있을까요?

세 줄로 써 보세요.

년 월 일 요일

제목 :

내가 쓴 글! 100점 만점에 점

084 ----- 교통 규칙을 지켜요

친구가 쓴 글을 읽어요.

제목: 안전하게 길을 건너요.

길을 건널 때 주위를 잘 살펴야 합니다.
횡단보도에서 사고가 일어나는 경우가 많기 때문입니다.
신호등의 불이 초록색으로 바뀌었더라도 차가 오는지 살펴봅시다.

내가 쓸 내용을 정리해요.

지켜야 할 교통 규칙에 무엇이 있을까요?

이것을 지켜야 하는 까닭은 무엇인가요?

이것을 지키기 위해 할 수 있는 일은 무엇인가요?

세 줄로 써 보세요.

년 월 일 요일

제목 :

내가 쓴 글! 100점 만점에 점

085 ----- 기분 좋게 인사해요

친구가 쓴 글을 읽어요.

제목: 행복을 전달하는 방법, 인사하기!

선생님, 친구, 이웃을 만났을 때 먼저 인사합시다.
인사하면 상대방의 기분이 좋아집니다.
웃으면서 씩씩한 목소리로 인사하면 행복을 전달할 수 있습니다.

내가 쓸 내용을 정리해요.

'먼저 인사하자'라는 생각이 잘 드러나게 첫 문장을 써 볼까요?

먼저 인사하면 어떤 점이 좋을까요?

인사할 때 어떻게 하면 될까요?

세 줄로 써 보세요.

년 월 일 요일

제목 :

내가 쓴 글! 100점 만점에 점

086 ----- 수업 시간 장난 금지

친구가 쓴 글을 읽어요.

제목: 수업 시간에 떠들지 맙시다

수업 시간에 떠들지 않아야 합니다.
수업 시간에 떠들면 집중하기 어렵고, 선생님 이야기를 듣기 힘듭니다.
친구에게 하고 싶은 말이 있으면 쉬는 시간에 합시다.

내가 쓸 내용을 정리해요.

지켜야 할 수업 시간 규칙에 무엇이 있을까요?

이것을 지켜야 하는 까닭은 무엇인가요?

이것을 지키기 위해 할 수 있는 일은 무엇인가요?

세 줄로 써 보세요.

년 월 일 요일

제목 :

내가 쓴 글! 100점 만점에 점

087 ----- 꾸준히 운동해요

친구가 쓴 글을 읽어요.

제목: 건강을 위해 운동을 합시다

건강을 위해 규칙적으로 운동을 해야 합니다.
운동을 하면 몸이 튼튼해지고, 키도 쑥쑥 큰다고 합니다.
태권도나 수영 같은 것을 배우러 다녀도 좋겠습니다.

내가 쓸 내용을 정리해요.

'꾸준히 운동해요'라는 생각이 드러나게 첫 문장을 써 볼까요?

운동해야 하는 까닭이 무엇인가요?

규칙적으로 운동하기 위해 할 수 있는 일은 무엇일까요?

세 줄로 써 보세요.

년 월 일 요일

제목 :

내가 쓴 글! 100점 만점에 점

088 ----- 공부를 열심히 해요

친구가 쓴 글을 읽어요.

제목: 공부도 재미있다?

공부하는 게 신나는 것은 아니지만, 그래도 열심히 해야 합니다.
공부를 열심히 하면, 몰랐던 것을 배우는 재미도 있기 때문입니다.
수업 시간에 선생님 말씀을 잘 듣고, 집에서 문제집도 풀어 봅시다.

내가 쓸 내용을 정리해요.

'공부를 열심히 하자'라는 생각이 드러나게 첫 문장을 써 볼까요?

공부해야 하는 까닭은 무엇인가요?

공부할 때 어떻게 하면 될까요?

세 줄로 써 보세요.

년 월 일 요일

제목 :

내가 쓴 글! 100점 만점에 점

089 ----- 고운 말을 사용해요

친구가 쓴 글을 읽어요.

제목: 말하기 전에 한 번만 생각해요

우리는 사람들에게 고운 말을 사용해야 합니다.
곱지 않은 말을 하면 듣는 사람이 기분 나쁠 수 있습니다.
말하기 전에 욕설이나 상대방을 깔보는 말은 아닌지 한 번 더 생각합시다.

내가 쓸 내용을 정리해요.

'고운 말을 사용해요'라는 생각이 드러나게 첫 문장을 써 볼까요?

고운 말을 사용해야 하는 까닭은 무엇인가요?

고운 말을 사용하기 위해 할 수 있는 일은 무엇인가요?

세 줄로 써 보세요.

년 월 일 요일

제목 :

내가 쓴 글! 100점 만점에 점

090 ----- 공공장소 예절을 지켜요

친구가 쓴 글을 읽어요.

제목: 공공장소 예절을 지킵시다

함께 사는 우리는 공공장소에서 예절을 잘 지켜야 합니다.
공공장소 예절을 지키지 않으면 다른 사람들이 불편할 수 있습니다.
사람이 많은 곳에서 뛰거나 장난치지 맙시다.

• 공공장소: 여러 사람이 이용하는 공간

내가 쓸 내용을 정리해요.

'공공장소 예절을 지켜요'라는 생각이 드러나게 첫 문장을 써 볼까요?

공공장소에서 예절을 지켜야 하는 까닭은 무엇인가요?

공공장소에서 지켜야 하는 예절에는 무엇이 있나요?

세 줄로 써 보세요.

년 월 일 요일

제목 :

내가 쓴 글! 100점 만점에 점

10

무슨 책을 읽었니?

책을 읽고 생각이나 느낌을

글로 써 본 적이 있나요?

책을 읽고

어떤 생각이 들었는지

글로 정리해 봅시다.

책의 내용을 오래 기억할 수 있고

생각이나 느낌도 정리할 수 있어요.

독서 감상문

책 읽고 생각을 글로 쓰면 어떤 점이 좋나요?

책 내용을 오랫동안 기억할 수 있고,
글을 쓰며 내 생각도 정리할 수 있어요.

독서 감상문에는 무엇을 써야 하나요?

책 제목, 인상적인 내용,
그 내용에 대한 생각을 적으면 돼요.

독서 감상문을 잘 쓰려면 어떻게 해야 하나요?

책 읽고 왜 그런 생각이 들었는지
글로 쓰면 좋아요.

1 **보기에서 적절한 말을 찾아 빈칸에 써 봅시다.**

보기 기억 느낌 동시 독서 감상문

책을 읽고 난 뒤의 느낌을 적은 글을 ______________이라고 해요.

독서 감상문을 쓰면 책 내용을 오랫동안 ________할 수 있어요.

2 **내가 좋아하는 책 두 권의 제목을 써 봅시다.**

____________________ ____________________

정답 독서 감상문, 기억

091 ----- 동화를 읽었어요 ①

친구가 쓴 글을 읽어요.

제목: 과연 흥부가 잘한 걸까?

'흥부와 놀부'를 읽었다.
착한 흥부가 제비 다리를 고쳐 주고 부자가 되었다.
그런데 흥부가 직접 일해서 돈을 벌 수도 있지 않을까? 나라면 그랬을텐데!

내가 쓸 내용을 정리해요.

어떤 책을 읽었나요?

주인공에게 어떤 일이 일어났나요?

주인공에 대해 어떤 생각이 들었나요?

세 줄로 써 보세요.

년 월 일 요일

제목 :

내가 쓴 글! 100점 만점에 점

092 ----- 동화를 읽었어요 ②

친구가 쓴 글을 읽어요.

제목: 나라면 어떤 집을 지을까?

'아기 돼지 삼 형제'를 읽었다.

늑대가 셋째 돼지네 굴뚝으로 들어가다가 엉덩이를 홀랑 데었다.

나도 집은 벽돌로 지어야겠다. 늑대의 공격에도 끄떡없으니까.

내가 쓸 내용을 정리해요.

어떤 책을 읽었나요?

인상적인 장면은 무엇인가요?

어떤 생각이 들었나요? 왜 그런 생각이 들었나요?

세 줄로 써 보세요.

년 월 일 요일

제목 :

내가 쓴 글! 100점 만점에 점

093 ----- 동화를 읽었어요 ③

친구가 쓴 글을 읽어요.

제목: 얄미운 베짱이

'개미와 베짱이'를 읽었다.

베짱이가 추위에 떨 때 개미는 따뜻한 집에서 음식을 주었다.

내가 개미였다면 놀기만 한 베짱이가 얄미워서 도와주지 않았을 것 같다.

내가 쓸 내용을 정리해요.

어떤 책을 읽었나요?

주인공의 인상적인 행동은 무엇인가요?

내가 주인공이라면 어떻게 했을까요?

세 줄로 써 보세요.

년 월 일 요일

제목 :

내가 쓴 글! 100점 만점에 점

094 ----- 동화를 읽었어요 ④

친구가 쓴 글을 읽어요.

제목: 고구마 먹고 싶어지는 책

'고구마구마'라는 그림책을 읽었다.

여러 고구마들이 나와서 "~하구마."라고 말하는 내용이었다.

책에 나온 고구마 그림을 보고 있으니 고구마가 먹고 싶었다.

내가 쓸 내용을 정리해요.

어떤 책을 읽었나요?

어떤 내용이었나요?

책을 읽고 어떤 생각이 들었나요?

세 줄로 써 보세요.

년 월 일 요일

제목 :

내가 쓴 글! 100점 만점에 점

095 ----- 위인전을 읽었어요 ①

친구가 쓴 글을 읽어요.

제목: 나라를 지킨 이순신

우리나라를 지킨 이순신 장군에 대한 책을 읽었다.
이순신 장군은 임진왜란 때 12척의 배로 133척이나 되는 왜군의 배를 물리쳤다.
그분의 흔들림 없는 리더십과, 나라를 사랑하는 마음이 감동적이었다.

내가 쓸 내용을 정리해요.

어떤 인물이 나오는 책을 읽었나요?

인물이 한 일은 무엇인가요?

인물에 대해 어떤 생각이 들었나요?

세 줄로 써 보세요.

년 월 일 요일

제목 :

내가 쓴 글! 100점 만점에 점

096 ----- 위인전을 읽었어요 ②

친구가 쓴 글을 읽어요.

제목: 목민심서, 정약용

조선 시대 학자 정약용에 관한 책을 읽었다.
정약용은 '목민심서'를 비롯하여 수많은 책을 썼다.
나도 정약용처럼 열심히 공부해서 좋은 책을 써야지!

내가 쓸 내용을 정리해요.

어떤 인물이 나오는 책을 읽었나요?

인물이 한 일은 무엇인가요?

내가 배운 것은 무엇인가요?

세 줄로 써 보세요.

년 월 일 요일

제목 :

내가 쓴 글! 100점 만점에 점

097 ----- 위인전을 읽었어요 ③

친구가 쓴 글을 읽어요.

제목: 만세 운동을 이끈 유관순

독립운동가였던 유관순 열사에 관한 책을 읽었다.
유관순 열사는 일제 강점기에 만세 운동을 하다가 목숨을 잃었다.
열사의 당당함에 가슴이 먹먹했다. 어떤 아픔에도 굴복하지 않는 모습이라니….

내가 쓸 내용을 정리해요.

어떤 인물이 나오는 책을 읽었나요?

인물이 한 일은 무엇인가요?

인물에 대해 어떤 생각이 들었나요?

세 줄로 써 보세요.

년 월 일 요일

제목 :

내가 쓴 글! 100점 만점에 점

098 ----- 지식 책을 읽었어요 ①

친구가 쓴 글을 읽어요.

제목: 공룡이 신기해

은이가 하도 공룡 이야기를 해서 나도 공룡 백과를 읽어 보았다.
부화 직전의 알을 품은 오비랍토르 화석이 발견되었다고 한다. 신기해라!
아하, 이래서 은이가 공룡 책을 자꾸 보는구나. 다른 공룡도 더 찾아봐야겠다.

내가 쓸 내용을 정리해요.

어떤 책을 읽었나요? 왜 그 책을 읽었나요?

기억에 남는 내용은 무엇이었나요?

책을 읽은 뒤 어떤 생각이 들었나요?

세 줄로 써 보세요.

년 월 일 요일

제목 :

내가 쓴 글! 100점 만점에 점

099 ----- 지식 책을 읽었어요 ②

친구가 쓴 글을 읽어요.

제목: 어떤 로봇이 있을까?

과학 만화를 보니 로봇의 종류가 궁금했다. 그래서 로봇 책을 읽었다.
강아지 로봇, 책 읽어 주는 로봇, 집안일 로봇 등 종류가 정말 많았다.
숙제 해 주는 로봇은 없을까? 내가 로봇공학자가 되어 만들어야겠다.

내가 쓸 내용을 정리해요.

어떤 책을 읽었나요? 왜 그 책을 읽었나요?

기억에 남는 내용은 무엇이었나요?

책을 읽은 뒤 어떤 생각이 들었나요?

세 줄로 써 보세요.

년 월 일 요일

제목 :

내가 쓴 글! 100점 만점에 점

100 ----- 지식 책을 읽었어요 ③

친구가 쓴 글을 읽어요.

제목: 우주는 어떻게 생겼을까?

처음에 세상이 어떻게 생겼는지 궁금해져서 우주 책을 읽었다.
우주는 '빅뱅'이라는 폭발로 인해 만들어졌다고 한다.
그러면 우주에는 끝이 있을까? 없을까? 더 알아봐야겠다.

내가 쓸 내용을 정리해요.

어떤 책을 읽었나요? 왜 그 책을 읽었나요?

기억에 남는 내용은 무엇이었나요?

책을 읽은 뒤 어떤 생각이 들었나요?

세 줄로 써 보세요.

년 월 일 요일

제목 :

내가 쓴 글! 100점 만점에 점

쉬는 시간

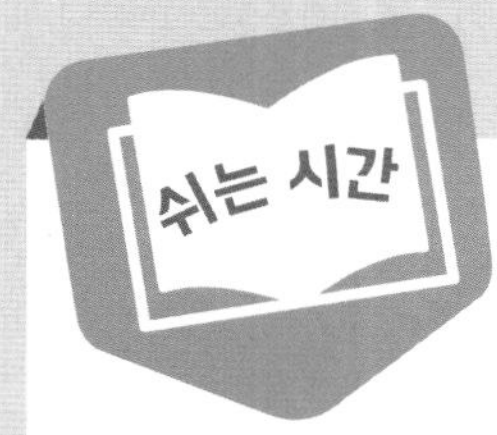

재미있는 말놀이

이름 대기 놀이를 해 봅시다.

꽃 이름

장미 / 튤립 / ___ / ___ / ___

음식 이름

김치 / ___ / ___ / ___ / ___

학용품 이름

공책 / ___ / ___ / ___ / ___

동물 이름

사자 / ___ / ___ / ___ / ___

가구 이름

침대 / ___ / ___ / ___ / ___

직업 이름

선생님 / ___ / ___ / ___ / ___

나무 이름

소나무 / ___ / ___ / ___ / ___

즐거운 동시 쓰기

줄글을 시로 표현한 글을 읽어 봅시다.

엄마, 아빠와 나들이를 갔습니다.
근처 공원에 가서 자전거도 타고,
맛있는 도시락도 먹었습니다.
정말 즐거운 시간이었습니다.

엄마, 아빠랑
공원 나들이

자전거 쌩쌩
도시락 냠냠

엄마, 아빠랑
공원 나들이

즐거운
공원 나들이

시를 잘 쓰고 싶다면?

1. 내 생각이나 느낌을 솔직하게 적어 보자.
2. 긴 문장은 행을 나누어 보자.
3. 반복되는 말을 사용해 보자.

겪은 일을 줄글로 쓰고, 시로 바꾸어 봅시다.

즐거운 동시 쓰기

줄글을 시로 표현한 글을 읽어 봅시다.

나는 우리 집 강아지 몽이를 좋아합니다.
우리 집 강아지 몽이는
털이 복슬복슬 부드럽고 귀엽습니다.
몽이는 저와 산책할 때 행복해합니다.

→

복슬복슬 귀여운
우리 집 강아지
몽이

포근포근 구름 같은
우리 집 강아지
몽이

산책할 때 행복한
우리 집 강아지
몽이

아래 문장을 시에 어울리는 표현으로 바꾸어 봅시다.

보기	자전거가 달린다.	→	달리는 자전거
1	몽이는 행복하다.	→	
2	지구는 둥글다.	→	
3	꽃이 활짝 피었다.	→	

'내가 좋아하는 것'을 줄글로 쓰고, 시로 바꾸어 봅시다.

→